Volker Schoßwald

Albert Schweitzer, Antizipationen des Reiches Gottes

Volker Schoßwald

Albert Schweitzer, Antizipationen des Reiches Gottes

Theologe, Arzt und Menschenfreund

Fromm Verlag

Impressum / Imprint
Bibliografische Information der Deutschen Nationalbibliothek: Die Deutsche Nationalbibliothek verzeichnet diese Publikation in der Deutschen Nationalbibliografie; detaillierte bibliografische Daten sind im Internet über http://dnb.d-nb.de abrufbar.

Bibliographic information published by the Deutsche Nationalbibliothek: The Deutsche Nationalbibliothek lists this publication in the Deutsche Nationalbibliografie; detailed bibliographic data are available in the Internet at http://dnb.d-nb.de.

Coverbild / Cover image: www.ingimage.com

Verlag / Publisher:
Fromm Verlag
ist ein Imprint der / is a trademark of
OmniScriptum GmbH & Co. KG
Heinrich-Böcking-Str. 6-8, 66121 Saarbrücken, Deutschland / Germany
Email: info@frommverlag.de

Herstellung: siehe letzte Seite /
Printed at: see last page
ISBN: 978-3-8416-0596-2

Dr. Volker Schoßwald

Albert Schweitzer,

Antizipationen des Reiches Gottes

Zum Gedächtnis an meinen Vater Helmut,

der mir Albert Schweitzer nahebrachte

Zum Vermächtnis an meine Söhne Martin und Levi,

dass sie etwas von Albert Schweitzer in ihrem Leben aufgreifen mögen

Schwabach, zum 4.9.2015
Mit Bildern des Verfassers

Zur Einleitung: Der rationale Mystiker

„Am 13. Oktober 1905, einem Freitag, warf ich in Paris in einen Briefkasten der Avenue de la Grande Armee Briefe ein, in denen ich meinen Eltern und einigen meiner nächsten Bekannten mitteilte, daß ich mit Anfang des Wintersemesters Student der Medizin werden würde, um mich später als Arzt nach Äquatorialafrika zu begeben."[1] Das, was Albert Schweitzer damals einer kleinen Öffentlichkeit mitteilte, erreichte im Laufe der Jahre und Jahrzehnte die Weltöffentlichkeit. Aus dem eigenwilligen jungen Mann wurde eine Ikone des 20. Jahrhunderts. Albert Schweitzer war mehr als nur der putzige Urwalddoktor a la Daktari, der einen Pelikan streichelt und mit ernster Miene auf den Leistenbruch eines schwarzen Kindes blickt.

1905, mit dreißig Jahren war er kein Nobody mehr. Als Philosoph hatte er sich durch seine Dissertation über Kant einen Namen gemacht, an der Universität lehrte er als Theologe, der über das Messianitäts- und das Leidensgeheimnis habilitiert hatte, er konzertierte auf der Orgel, mit der er sich auch technisch auskannte[2] und hatte sich musikwissenschaftlich durch „J.S.Bach, le musicien-poète" hervorgetan. Wenn dieser Mann eines nicht brauchte, dann war ein neues Betätigungsfeld. Wenn dieser Mann eines nicht nötig hatte, dann das Haschen nach Anerkennung.

Der Weg wäre ziemlich ungewöhnlich gewesen. Selbst für reputierte Mediziner erscheint das Ansehen „im Urwald" als ein sozialer Abstieg. Einen Prominentendoktor in Straßburg[3] hätte man noch akzeptiert, aber den Theologieprofessor[4] Schweitzer, der aus purem Humanismus wieder die Studentenbank drücken würde, konnte der wohlmeinende Kollege Professor Fehling aus der medizinischen Fakultät nur verständnislos anblicken: „Als ich

---

1 A. Schweitzer, aus meinem Leben und Denken, S.65

2 A. Schweitzer, Deutsche und französische Orgelbaukunst und Orgelkunst, 1906

3 1871□1918 war Straßburg Hauptstadt des Reichslandes Elsass-Lothringen.

4 „Am 1. März 1902 hielt ich meine Antrittsvorlesung vor der theologischen Fakultät zu Straßburg über die Logoslehre im Johannesevangelium." Leben S.36

mich bei… dem damaligen Dekan der medizinischen Fakultät, als Student anmeldete, hätte er mich am liebsten seinem Kollegen von der Psychiatrie überwiesen."[5] Schweitzer, der promovierte Jesusschüler, sah ganz klar: Diejenigen, die Ärzte haben, brauchen mich nicht unbedingt, aber die, die keine Ärzte haben, die brauchen einen Arzt. (Mk.2,17) Wenn ich nicht der approbierte Salonlöwe in Europa bin, aber die kranken Menschen in Afrika kuriere, dann ist es genau das Richtige. Ich will kein Held sein, sondern ganz demütig dienen.

Da Schweitzer kein Masochist, sondern ein Idealist war, setzte er für dieses Ziel seine Stärken, zu denen seine Reputation gehörte, punktgenau ein.

Sein Vorbild, der Zimmermannssohn Jesus trat seinerzeit auch mit dreißig Jahren an die Öffentlichkeit[6], aber im Kontrast zu seinem Nachfolger quasi aus dem Nichts heraus. Jesu Erfolgsstory war zunächst ziemlich kurz, vermutlich drei Jahre, also nicht einmal eine Legislaturperiode des Bundestags. Andererseits gibt es von Jesus heute nicht nur gemalte Ikonen, sondern er ist weltweit eine symbolische Ikone nicht nur bei Christen. Der Name Jesu wird auch kommerziell gerne genutzt und noch lieber gegen die Kirchen ausgespielt. Jesus ist immer noch eine erstaunliche Autorität, und zwar gerade als Symbol, oder als Ikone, und dies oft in Abgrenzung zur biblischen Überlieferung und vor allem zur kirchlichen Lehre. Die Existenz Gottes wird gerne mit der Theodizeefrage bestritten, aber die Existenzberechtigung der Kirche häufig mit Bezug auf Jesus[7]. In der heutigen Tendenz zur religiösen Patchworkidentität[8] spielt eher ein fiktiver Jesus eine Rolle als dass an sein bezeugtes Wirken gedacht würde. Ob allerdings eine Patchworkreligiosität überhaupt tragfähig ist, werden erfahrene Seelsorger bezweifeln.

---

[5] Leben S.76
[6] Lk.3,23.
[7] Siehe auch Volker Schoßwald, Allmacht, Fromm-Verlag 2015
[8] Mit diesem Begriff ersetze ich den gängigeren „Synkretismus".

Als Jesu „Nachfolger“ Albert Schweitzer 1965 starb, kannte ihn „jedes Kind“; heute hat dies nachgelassen, aber wo er bekannt ist, fungiert auch er als Ikone. Schweitzer ist weniger eine Gestalt abendländischer Geistesgeschichten oder humanistischen Idealismus als ein Mythos. Wie bei allen Mythen steckt im Mythos Albert Schweitzer eine zeitlose Wahrheit, die in seiner Lebensgeschichte anschaulich wird. Wie nur wenige Menschen eignet er sich als Beispiel dafür, wie anscheinende Widersprüchlichkeiten nicht nur akzeptiert werden müssen, sondern auch konstruktiv gelebt werden können.

Eines seiner großen Werke, über dem er teilweise gezwungener Maßen jahrelang saß, war die „Mystik des Apostels Paulus“. In ihr kommt er vor allem auf das „Sein in Christo“ zu sprechen. Darin sieht er eine Vergegenwärtigung des Reiches Gottes durch die christliche Existenz. Es wird spannend sein, seine Lebensgeschichte auch daraufhin zu betrachten, wie weit sie wie „Reich Gottes“ wirkt.

Schweitzer wollte vor allem identisch sein. Bei ihm musste intellektuell wie praktisch alles stimmig sein. Natürlich gelingt das nie; das ist gerade einem lutherischen Theologen klar. Wir sind nicht vollkommen und schaffen auch nichts vollkommenes. Und doch lässt sich eine Identität, die sich in der Lebensführung bewährt, erkennen. Gerade an den Stellen, wo man sich selbst korrigieren muss, wo man Fehler, Fehlentwicklungen, falsche Bewertungen zugeben muss, wird deutlich, ob man im kritischen Umgang mit sich selbst treu bleibt. Im Griechischen gibt es für „Treue“ das Wort Πίστη. Dieses Wort bedeutet im Neuen Testament zugleich „Glaube“. Wir merken schon hier, wie Glaube und Identität zusammen gehören. Das macht die Beschäftigung mit Albert Schweitzer so spannend: Glauben und Leben sind verbunden wie die Fäden in einem gewebten Stoff. Ob der Weber nun ich selbst bin oder ob Gott meinen Lebensstoff webt, ist eine eher poetische Frage, die sich am besten mystisch erschließen wird. Schauen wir uns den praktischen Mystiker an.

1 Schweitzers Lebensweg

1.1 Von Kaysersberg nach Straßburg[9]

Albert Schweitzers Lebensweg begann in der Provinz und er endete in der Provinz. Kaysersberg im Oberelsass und Lambarene in Gabun sind abgelegene Orte, weltabgeschieden. Umso erstaunlicher ist, welche Wirkung der Elsässer auf diesem Globus erzielen konnte. Am 14.1.1875 erblickte er als zweites Kind des lutherischen Pfarrers Ludwig (Louis) Schweitzer in Kaysersberg das Licht der Welt[10].

Jean-Paul Sartre pointiert die Vorgeschichte in seiner Autobiographie „Die Wörter“ süffisant: Es begann mit einem Elsässer Lehrer, der 1850 aus wirtschaftlichen Gründen „Krämer“ wurde. Um den Verlust für die Bildungswelt zu kompensieren, sollten seine Kinder entsprechende Berufe ergreifen. Einer sollte die Seelenbildung übernehmen, also Pastor werden. Dafür wählte er Charles aus. Doch der floh, rannte einer Zirkusreiterin hinterher, woraufhin der erboste Vater sein Bild gegen die Wand dreht und die Erwähnung des Namens verbot. Der zweite Sohn Auguste war so selbstlos, den Weg des Vaters zu wählen und Geschäftsmann zu werden, ein recht erfolgreicher, wie Sartre bemerkte. Louis hingegen war noch nicht vorgeprägt und wurde vom Vater zum Pfarrer umfunktioniert. Sartre: „Louis trieb später den Gehorsam so weit, daß er seinerseits einen Pastor erzeugte, Albert Schweitzer, dessen Laufbahn bekannt ist.“[11] Als Johannes Paul dies schrieb, war Albert bereits 89 Jahre alt, die deutsche Ausgabe der „Wörter“ erschien in seinem Todesjahr.

Mit seinen kleinen Kindern Luise und Albert übernahm der junge Pfarrer

---

[9] Die lebensgeschichtlichen Daten sind vorwiegend seiner eigenen Lebensgeschichte „Aus meinem Leben und Denken“ sowie den Erzählungen in seinem autobiographischen Film entnommen.

[10] Geschichten aus seiner Kindheit finden sich in Teil III.

[11] Jean-Paul Sartre, die Wörter, 1965, S. S.7

noch im selben Jahr eine Pfarrstelle im nahegelegenen Günsbach, wo Adele, Marguerite und Paul zur Welt kamen und Albert die Dorfschule besuchte.

An den ersten Schultag erinnerte er sich in seinem autobiographischen Film als Tag der Tränen, weil ihm klar war, dass nun die Freiheit – vor allem sich in der Natur zu tummeln - zu Ende ging. Mit neun Jahren kam der aufgeweckte Schüler auf die Realschule nach Münster/Elsass und dann aufs Gymnasium nach Mülhausen. Er selbst erlebte sich als mäßigen Schüler an; was in ihm schlummerte, erwachte erst später. Dazu trug in den höheren Jahrgangsstufen der Schuldirektor Wilhelm Decke bei, der im Latein- und Griechischunterricht den Schülern ein lebendiges Verständnis für die alte Philosophie vermittelte, verbunden mit dem neueren Denken, etwa von Schopenhauer. 1893 legte Schweitzer die Abgangsprüfung ab und durfte dann durch Vermittlung seiner Pariser Verwandten in Paris bei Charles Marie Widor Orgelunterricht nehmen.

1.2 Straßburg und Paris: Der Theologe und Organist

Mit 18 Jahren begann er sein Theologiestudium in Straßburg und belegte zugleich Philosophie. Wie belastungsfähig er war, bewies er 1894 beim Militär (das Elsass war damals deutsch); als es im Herbst ins Manöver ging, packte er sein griechisches Testament ein, um sich auf die Prüfung durch Professor Holtzmann über die Synoptiker vorzubereiten und „da ich damals so robust war, daß ich keine Müdigkeit kannte, kam ich an den Abenden und an den Ruhetagen auch wirklich zum Arbeiten.“[12] Diese Lebensweise zieht sich durch sein Leben.

Die Thematik, die er im Manöver erarbeitete, beschäftigte ihn lange Jahre: Wer war Jesus wirklich und was wollte er? Schon bei der Prüfungsvorbereitung fragte er sich, ob sein verehrter Lehrer, der renommierte Synoptikerforscher Julius Holtzmann mit der historisch-

---

[12] Ebd. S.12

kritischen Zuordnung der Aussendungsworte Jesu Mt.10 recht hatte, wenn er sie für nachösterliche Gemeindebildung hielt, denn „Spätere wären doch nicht darauf gekommen, ihm Worte in den Mund zu legen, die sich nachher nicht erfüllten. Der lapidare Text zwang mich anzunehmen, daß Jesus wirklich Verfolgungen für die Jünger und ein daran anschließendes alsbaldiges Erscheinen des überirdischen Menschensohnes in Aussieht gestellt habe, ohne daß die nachfolgenden Ereignisse ihm darin recht gaben.“[13] Schweitzer denkt hier folgerichtig und bedient sich der historisch-kritischen Methodik, um eine zwingendere Schlussfolgerung als sein geschätzter Lehrer zu ziehen.[14] Die historisch-kritische Methode in der exegetischen Theologie entzündete sich zunächst an Ungereimtheiten. Wenn beispielsweise parallele „Berichte“ über die Taten Jesu bei Markus, Matthäus, Lukas oder gar Johannes sich unterschieden und man nicht jedes Mal davon ausgehen wollte, dass ein ganz ähnliches Ereignis ein bis viermal stattgefunden hatte, musste man Kriterien finden, welche Erzählung wohl dem historischen Ereignis am nächsten kam. Ob eine Erzählung in sich schlüssig ist, wäre ein solches Kriterium; ob die eine oder andere Version erfahrungsgemäß realistischer war oder besser bzw. schlechter zu anderen Jesusgeschichten passte, war ein weiteres Kriterium. Ob eine Geschichte etwas Neues enthielt oder Erzählungen aus andren Quellen entsprach, führte ebenfalls zu entsprechenden Schlussfolgerungen. Freilich liegt es immer im Ermessen des Theologen oder des Rezipienten, welchen Weg er für den überzeugendsten hielt. Das ließ diese „Wissenschaft“ relativ willkürlich erscheinen, wenn man sich mit den gleichzeitig blühenden Naturwissenschaften und beispielsweise ihrem Kriterium der Wiederholbarkeit verglich.

Über die Aussendungsreden kam er zu der Schlussfolgerung, dass Jesus

---

[13] Ebd. S.13

[14] Schon als Kind hatte er sich entsprechende Fragen gestellt, etwa: Was haben Maria und Joseph mit dem Gold der Weisen aus dem Morgenland gemacht und warum waren sie später so arm?

kein „Reich Gottes auf Erden“ erwartet habe, sondern „eines, das mit dem baldigen Anbruch der übernatürlichen Weltzeit zu erwarten sei.“[15] Den ganzen Komplex fasste er in seiner epochalen theologischen Dissertation „*Kritische Darstellung unterschiedlicher neuerer historischer Abendmahlsauffassungen*“ 1901 zusammen. Unter ihrem zweiten Titel „*Geschichte der Leben-Jesu-Forschung*“ (seit 1913) ist dies bis heute ein Standardwerk. Schweitzer schließt die Versuche, ein historisches Jesusbild zu zeichnen, ab. Er selbst ordnet Jesus als Menschen mit einem messianischen Bewusstsein ein.

Zum Thema seiner philosophischen Dissertation kam es 1898 im Regen. Professor Theobald Ziegler bat ihn auf der Treppe vor der Universität unter seinen Regenschirm und schlug ihm als Thema Kants Religionsphilosophie vor.[16] Zunächst reiste Schweitzer nach Paris, studierte an der Sorbonne und nahm bei Widor Unterricht. Sein als innovativer Philologe bekannter Onkel Charles[17] führte ihn in die universitäre Gesellschaft von Paris ein. Das war auch später sehr hilfreich, als er etwa Unterstützung brauchte, um als deutscher Arzt auf französischem Territorium zu arbeiten oder auch ganz banal, um finanzielle Ressourcen zu erschließen.

Schweitzer kehrte zur philosophischen Promotion wieder nach Straßburg zurück, und war dort ab Dezember 1899 auch Prediger in St. Nicolai. Sein zweites theologisches Examen fiel etwas knapp aus, da er sich in Hinblick auf seine ausstehende Dissertation nicht breit genug vorbereitet hatte. Im Nachhinein klingt es amüsant, dass er bei der mündlichen Prüfung über den Dichter eines bestimmten Kirchenliedes nichts zu sagen wusste und es damit begründete, dass er das Lied für zu unbedeutend gehalten hatte, um sich merken, von wem es sei. Der große Organist war ansonsten ein großer Bewunderer von Spitta, jenem Dichter. Pikanterweise saß in der

---

[15] Ebd.S.14

[16] Ebd.S.19

[17] Charles Enkel Jean-Paul erlebte ihn als Ziehvater und beschreibt ihn in seinen „Les Mots“ recht kritisch.

Prüfungskommission auch Friedrich Spitta saß, der Sohn des Dichters... Alle waren entsetzt, Schweitzer aber bestand dennoch.

Sein Lebensrückblick verdeutlicht, welche Bandbreite er in jenen spannenden Jahren um die Jahrhundertwende abdeckte. Über die Studien zum Abendmahl kam er auf die umfassende Leben-Jesu-Forschung des zu Ende gehenden Jahrhunderts; er setzte es auf die ihm eigene Art in Beziehung zum damaligen Christentum.

Während er weiterhin sich Organist weiterbildete, entstand ein weiteres bahnbrechendes Werk, diesmal über Johann Sebastian Bach. Durch glückliche Umstände konnte er ein Exemplar der sonst nicht mehr erhältlichen Gesamtwerke Bachs erwerben. Einer Pariser Dame nahmen sie zu viel Platz in ihrer Bibliothek weg und sie gab sie dem wissbegierigen jungen Mann für nur 200 Mark ab. Er schrieb das Werk zunächst für den französischen Markt – folglich in französischer Sprache -, da dort ein grundlegendes Werk fehlte. Nach seinem Erscheinen gab es Nachfrage auf dem deutschen Markt. Schweitzer, zweisprachig aufgewachsen, fühlte sich nicht in der Lage, sein eigenes Buch zu übersetzen und schrieb naheliegender Weise ein neues – mit doppeltem Umfang. Schweitzers Werk wurde zum Klassiker auch bereits durch den ersten Satz, in dem er subjektive und objektive Künstler unterschied und Bach den objektiven zuordnete, der mit den Mitteln, die ihm zu Verfügung standen, arbeitete.[18]

Er war jedoch nicht einfach der Theoretiker, sondern auch der Praktiker; er setzte Bach an der Orgel um[19]. Wissbegierig, wie er war, wollte er auch das Instrument, die Königin der Instrumente, durch und durch kennen, beschäftigte sich mit dem Orgelbau, veröffentliche eine umfangreiche Studie darüber und engagierte sich für Erhaltung und fachgerechte Restaurierung –

---

[18] Albert Schweitzer, Johann Sebastian Bach, 1908 (Nachdruck 1948) S.1: „Bach gehört zu den objektiven Künstlern. Diese stehen ganz in ihrer ‚Zeit und schaffen nur mit den Formen und Gedanken, die sie ihnen darbietet. Sie üben keine Kritik an den künstlerischen Ausdrucksmitteln, die sie vorfinden und fühlen keine innere Nötigung neue Bahnen zu erschließen.... Die Kunst des objektiven Künstlers ist nicht unpersönlich, sondern überpersönlich."

[19] Es gibt von ihm diverse CDs mit Orgelaufnahmen, z.B. aus London.

damit Rettung! – alter Orgeln, z.B. die Silbermann-Orgel in St. Thomas in Strasbourg. „In Afrika errettet er alte Neger, in Europa alte Orgeln“, zitiert er seinen Freundeskreis[20].

1.3 1896: „Ich habe mir mein Glück durch nichts verdient...“

In frommen Biographien liest es sich so: „Ich habe mit Gott nie etwas anfangen können. Ich liebte das Leben und das Geld. Eines Tages kam ich an einer Kurve ins Schleudern und mein Auto prallte gegen einen Baum. Mein Leben hin an einem seidenen Faden. Da kam ich zur Besinnung, da stellte ich mir die Frage nach dem Sinn des Lebens, da fand ich zu Gott, da übergab ich meinen Leben Jesus...“ Das ist die klassische Variante: Unglück stellt Leben in Frage, neue Positionen werden bezogen.[21]

Bei Albert Schweitzer war es umgekehrt. Der junge Mann aus dem Pfarrhaus wuchs behütet unter Menschen in ärmlichen Verhältnissen eines Gebirgsdorfs auf. Dank seines Elternhauses durfte er in weiterführende Schulen gehen und studieren. Dieses Glück stellte er als Selbstverständlichkeit in Frage. Der Heilige Geist, es war just Pfingsten, gab ihm 1896 eine spezielle Wegweisung: „An einem strahlenden Sommermorgen, als ich... in Pfingstferien zu Günsbach erwachte, überfiel mich der Gedanke, daß ich dieses Glück nicht als etwas Selbstverständliches hinnehmen dürfe, sondern etwas dafür geben müsse. Indem ich mich mit ihm auseinandersetzte, wurde ich, bevor ich aufstand, in ruhigem Überlegen, während draußen die Vögel sangen, mit mir selber dahin eins, daß ich mich bis zu meinem dreißigsten Lebensjahre für berechtigt halten wollte, der Wissenschaft und der Kunst zu leben, um mich von da an einem unmittelbaren menschlichen Dienen zu weihen.“[22]

---

[20] Leben, S.62

[21] Was diese Methodik zur Erkenntnis impliziert, spricht Bände über den Unfallverursacher, über Gott. Ein Gott, der Katastrophen nötig hat, um auf sich aufmerksam zu machen, ist ein problematischer Begleiter.

[22] Leben S.66

Hat er sich auch hier an Jesus orientiert. Als einziges biographisches Datum überliefert Lukas den Beginn der Wirksamkeit mit 30 Jahren. (Lk.3,23) Was er vorher machte, wissen wir nicht. Aber er wird weder studiert haben noch Orgelbau betrieben.

Schweitzer gönnte sich eine Zeitspanne, die Fülle des Lebens auszukosten, erfolgreich und berühmt zu sein. Zugleich begab er sich gezielt, aber beiläufig, auf die Suche nach einer konkreten Aufgabe. Nicht das Spektakuläre stand für ihm auf der To-do-Liste, sondern das, wo Demut gefragt ist, sich weniger Freiwillige finden würden.

Er stöberte in seinem Umfeld herum und betätigte sich zunächst bei der Unterstützung von Nicht-Sesshaften, in seinen Worten „Vagabunden". Hier erkannte er mit der Zeit, dass das Ganze organisiert werden musste; da war Anderes als nur individuelle Mildherzigkeit gefordert.

Im „Diaconat Thomana" kümmerte er sich um arme Familien. Dazu brauchte er Geldmittel, die er „erbetteln" musste. Seiner Einschätzung nach machte er dies ungeschickt, entwickelte aber zunehmend Kompetenzen, so dass er in seinen späteren Jahren extrem erfolgreich „bettelte".

Zu seinem Erstaunen war diakonische Hilfe von Ehrenamtlichen gar nicht überall erwünscht. Als er 1903 eine relativ große Wohnung bezog und einen Teil davon für verwahrloste Kinder zur Verfügung stellen wollte, waren die Fürsorgeorganisationen auf freiwillige Mitarbeit nicht eingestellt. Nach dem Brand des Straßburger Waisenhauses schlug der Direktor Schweitzers Angebot, Kinder bei sich aufzunehmen, aus, ließ ihn nicht einmal ausreden.

Auf der Führungsebene können auch heutzutage manche sozialen Einrichtungen noch Missionsgebiet sein. In der evangelischen Kirche unseres Jahrzehnts wird hart diskutiert, ob christliche Diakonie nur von Christen ausgeübt werden darf.[23] Zwar ist alles andere Etikettenschwindel, aber auf

---

[23] Sehr anschaulich differenziert Dr. H. Bedford-Strohm: „Das Modell der »öffentlichen Diakonie« verbindet also das klare Zeugnis auf der Basis der eigenen Tradition mit der Ausrichtung auf die pluralistische Gesellschaft als ganze und nimmt damit eine Diakonie in den Blick, die gerade

der operativen Ebene stellt sich die Frage, ob man genügend christliche Mitarbeiter rekrutieren kann oder, im Interesse der Klienten, auf fachlich qualifiziertes, aber nicht christliches Personal zurückgreift. Sachgerecht wäre, die Arbeit so zu reduzieren, dass sie konfessionell und personell geleistet werden kann und ansonsten z.B. den Staat in die Pflicht zu nehmen.

Schweitzer selbst trennte bei seinem eigenen Projekt ganz klar zwischen der ärztlichen Tätigkeit und seiner Existenz als Pfarrer. Der medizinische Bereich blieb säkular, auch wenn seine persönliche Existenz als Christ auch für die Patienten sichtbar war.

Was Schweitzer wollte, war ihm im Prinzip seit 1896 klar, aber die Konkretion ergab sich erst 1904, freilich mit einer interessanten familiären Vorgeschichte. Schon als Kind war Albert fasziniert von den Missionsgottesdiensten seines Vaters. Dieser hatte dort immer wieder aus Schriften der Pariser Mission vorgelesen. Mehr beiläufig griff Schweitzer in seiner Wohnung im Thomasstift zum aktuellen grünen Heft, das er abonniert hatte. Doch irgendwas fesselte ihn diesmal eigenartig. Alfred Boegner, der Leiter der Pariser Missionsgesellschaft hatte einen Artikel „Les besoins de la Mission du Congo" geschrieben, beklagte den Mangel an Mitarbeitern und schloss: „Menschen, die auf den Wink des Meisters einfach mit: Herr, ich mache mich auf den Weg, antworten, dieser bedarf die Kirche." Alberts Herz antwortete und das Ziel war klar.[24] Jetzt galt es, zielgerichtet zu agieren, Medizin zu studieren und konkrete Pläne für den Kongo zu entwickeln.

Zielgerichtet? Ist Dr. Schweitzer noch ganz richtig im Kopf? Wir sind umgeben von Leuten, die es besser wissen als wir. So erlebte es auch der 30-Jährige. „Warum hast du nicht vorher mit mir darüber gesprochen?" beklagten sich Freunde. Über die Theologen unter ihnen konnte er nur die

darin zum Salz der Erde werden kann, dass sie die primäre Ausrichtung an der eigenen Identitätssuche hinter sich lässt."... „Authentizität, Pluralitätsoffenheit und Humanität – diese drei Kriterien müssen diakonisches Handeln leiten. Keines dieser drei Kriterien darf beiseite geschoben werden, wenn wir über den Auftrag von Kirche und Diakonie heute in multireligiösen Kontexten Rechenschaft abgeben." Deutsches Pfarrerblatt 6/2015 S.331ff.

[24] Leben, S.68

Stirn runzeln: Wenn es ans Predigten ginge, würden sie bestimmt ganz tolle Worte dafür finden, dass der Apostel Paulus im Galaterbrief erklärte, er habe sich über seine Pläne nicht zuvor mit Fleisch und Blut besprochen.[25] Es geschieht zu oft, dass Prediger wunderbare Formulierungen finden, ohne dass die Predigt an ihrem Leben ablesbar würde. Verändert Jesus etwas an deinem Leben? fragte Schweitzer nicht nur sich, sondern auch seine „Kritiker".

Schweitzer irritierten seine „christlichen" Gesprächspartner, die der Gedanke befremdete, „daß das Streben, der von Jesus verkündeten Liebe zu dienen, einen Menschen aus seiner Bahn werfen könne, obwohl sie es im Neuen Testament lasen und es dort ganz in der Ordnung fanden."[26] Die Bibel wird nicht dadurch zum Märchen, dass sich unglaubliche Geschichten darin finden wie die Erschaffung des Menschen aus Lehm, sondern dass Christen von etwas erzählen, das sie aufs eigene Leben nicht wirklich, nicht radikal beziehen. Natürlich stülpt Jesus dein Leben nicht täglich um 180° um. Das wäre nur noch Chaos. Aber grundlegende Veränderungen, die nicht selbstverständlich sind, provoziert er immer wieder.

Der Stil der Zeit hatte sich verändert. Der Wiener Arzt Sigmund Freud (1856-1939) steht nicht nur für die wissenschaftliche Psychotherapie, sondern auch für Ära, in der man begann, zu „psychologisieren". Dies widerfuhr in jenen Jahren auch Albert Schweitzer und er beschwert sich darüber, dass „so viele Menschen sich das Recht nehmen wollten, alle Türen und Läden zu meinem Inneren aufzureißen!"[27] Darüber, dass sein Motiv Frustration über mangelnde Erfolge sei, konnte er nur den Kopf schütteln. Im Kontrast zu den meisten Kritikern in seiner Umgebung hatte er es in mehrerer Hinsicht zu etwas gebracht. Besonders gewiefte Seelenschnüffler unterstellten „traurige Herzenserlebnisse", denen sein Entschluss zu

---

[25] Leben. S.69
[26] ebd
[27] Ebd.

verdanken sei. Gutmütige Menschen, die sich nur dachten, dass der späte Junggeselle etwas sonderlich geworden sei, empfand er dazu im Kontrast geradezu als wohltuend.

Natürlich setzte er sich mit der Kritik auseinander. Sein Projekt sollte nicht daran scheitern, dass er beratungsresistent wäre. Er musste seine Möglichkeiten und Grenzen realistisch einschätzen und wenn sein Vorhaben scheitern sollte, musste er dies akzeptieren können.

Dass Menschen erwarteten, der bisher erfolgreiche Mann solle seine Positionen ausbauen, ist zwar naheliegend, aber er wollte ein Held sein, der seinen Weg nicht als Heldentum wahrnahm. „Es gibt keine Helden der Tat, sondern nur Helden des Verzichtens und des Leidens.. Ihrer sind viele. Aber nur wenige von ihnen sind bekannt…“[28]

Arzt wollte er werden, um „ohne irgendein Reden wirken zu können“.[29] Reden konnte er auf Kanzel und Katheder schließlich genug. Später wirkte er durch Reden auf seinen Tourneen durch Europa, als er „um Geld bettelte“. Sein biographischer Bruch beinhaltete für ihn, dass er sich seine Zukunft „nicht als ein Reden von der Religion der Liebe, sondern nur als ein reines Verwirklichen derselben“[30] vorstellte.

Er zielte Äquatorialafrika an, weil er von dort durch Missionare gehört hatte, dass ein Arzt „das Notwendigste des Notwendigen“[31] war. Diese Missionare litten darunter, dass sie den Menschen, die mit Gebrechen zu ihnen kamen, nicht helfen konnten, weil ihnen die Kompetenzen fehlten. Dafür wollte Schweitzer nun etliche Jahre studieren. Das dauert ja ewig! Aber er verglich sich mit Hamilkar und Hannibal, die die Eroberung Roms durch die aufwändige Eroberung Spanien und den anschließenden Zug (mit Elefanten) durch die Alpen vorbereiteten. Damals ging es von Afrika nach Europa, bei ihm von Europa nach Afrika, damals ging es um Macht, diesmal ging es um

---

[28] Ebd.71
[29] Ebd.S.73
[30] ebd.
[31] Ebd

Liebe.

Nun tauchte leviathanmäßig ein Problem auf: Der Arzt, der da kommen sollte, kam im Auftrag der Pariser Missionsgesellschaft und ihr ehrenwertes Komitee hatte inhaltliche Probleme mit den bisherigen theologischen Veröffentlichungen des dreifachen Herrn Doktor. Einige Mitglieder des Komitees protestierten dagegen, „die Dienste eines Missionsarztes anzunehmen, der nur die rechte christliche Liebe, nicht aber auch den rechten Glauben hätte.“[32] Diese etwas süffisante Formulierung geht auf Schweitzers Konto und er gesteht einige Zeilen weiter, dass es ihn reizte, darüber zu diskutieren, „ob eine Missionsgesellschaft angesichts des Evangeliums Jesu sich das Recht zutrauen dürfe, den leidenden Eingeborenen ihres Arbeitsgebietes den Arzt zu versagen, weil er in ihrem Sinn nicht rechtgläubig genug wäre.“ Aber vor dieser Diskussion hatte er noch viel zu tun.

Sein Studium finanzierte er – zugleich Dozent für Theologie an der Universität – unter anderem durch Orgelkonzerte. Dabei lernte er in Paris Persönlichkeiten aus ganz Europa kennen. So mancher konnte ihm in verschiedenen Situationen hilfreich werden; um den Armen zu helfen, musst du manchmal einen Draht zu den Reichen haben.

Angetan erzählte er von einer Begegnung mit dem Architekten Gaudi, der gerade die Sagrada Familia in Barcelona baute und mit dem er mystisch kommunizieren konnte. Ausgangspunkt war der Esel, auf dem die Heilige Familie nach Ägypten geflohen war. Schweitzer fühlte sich durch ihn besonders angesprochen und Gaudi erklärte, er habe gerade einen solchen Esel gesucht und ganz schwer gefunden, der es eben nicht das Ideal eines Esels war, sondern ein armer, alter, müder Esel war, der so zur Heiligen Familie passte.

---

[32] Ebd.S.75

Das passte wiederum zur Theologie Albert Schweitzers, der eben nicht Nietzsches Übermenschen propagierte, sondern Gottes Zuwendung zu den armen Menschen. Wer freilich das Schweitzer-Denkmal in Günsbach betrachtet, glaubt, eine Übermenschen-Darstellung vor Augen zu haben: Schweitzer wird gerne als heroischer Denker dargestellt. Daran ist er sicherlich nicht unschuldig, aber es passt nicht zur Ganzheitlichkeit seines Lebenswerkes.

1.3.1 Promotion: Die psychiatrische Beurteilung Jesu

Mehr als beim Theologen und Philosophen gehört es beim Arzt dazu, zu promovieren. Schweitzer wählt sich für seine lediglich 46 Seiten (die Korrektoren werden erleichtert gewesen sein) ein ehr abgelegenes Thema, nämlich die psychiatrische Beurteilung von Jesus. Natürlich hatte sich der Theologe bei seinen Studien über das Leben Jesu Gedanken über die Stellung Jesu zur Realität machen müssen. Schweitzer selbst war vorgeworfen worden, er hätte Jesus zu einer von Wahnideen beherrschten Persönlichkeit gemacht. Schweitzer setzte sich nun mit Arbeiten von Medizinern auseinander, die er für eher unbedeutend hielt: De Loosten, Willam Hirsch und Binet-Sanglé. Sie hatten vermutet, dass er paranoid gewesen sei und pathologischen Größenwahn verbunden mit Verfolgungsideen entdeckt. Schweitzer konzediert ein vermutlich ausgeprägtes Selbstbewusstsein bei Jesus – der ihm da vermutlich nicht unähnlich war - und konnte auch bei der Taufgeschichte Halluzinationen nicht ganz von der Hand weisen[33]. Dass ein bald anbrechendes Weltende und messianisches Reich eine Wahnidee sei, hielt Schweitzer entgegen, dass dies keine individuelle Vorstellung von Jesus war, sondern in seiner Zeit beheimatet. Jesus griff auf Vorstellungen zurück, die verbreitet waren.

Den kritischen Ärzten unterstellt Schweitzer wohlwollend, dass sie historisch zu wenig informiert gewesen seien und anstatt die historisch-kritischen Analysen zur Kenntnis zu nehmen, einfach alles, was sie in den Evangelien finden konnten, zusammen geworfen hätten. Sie hatten faktischen einen fiktiven Patienten gezeichnet. In der Tat würde kein ernst zu nehmender Arzt einen Patienten behandeln, den er nur aus Erzählungen Dritter kennt. So etwas machen vielleicht sensationslüsterne Journalisten, aber keine ernstzunehmenden Schulmediziner.[34]

1.3.2 Kann „Glaube" geprüft werden?

Der Aufbruch rückte näher. Natürlich war noch das theologische Problem mit der Missionsgesellschaft zu lösen.[35] Man lud Schweitzer vor das Komitee, um ein Glaubensexamen anzustellen. Ich wollte mir so etwas bieten lassen, nicht vor diesen Scheinheiligen erscheinen [36]. Jesus – so Schweitzer - hatte bei der Berufung seiner Jünger kein Examen verlangt, sondern einfache und

---

[33] Das kann ich wiederum nicht ganz nachvollziehen, da von einem Vogel zunächst nur im Vergleich die Rede ist und die Audition durchaus einer inneren Stimme entsprochen haben kann. Manche formulieren legen sogar nahe, dass die Schreiber – nicht Jesus! – davon ausgehen, dass das komplette Geschehen von allen Anwesenden wahrgenommen wurde.

[34] Im esoterischen Heilbereich freilich finden wir noch viel abstrusere Verzichte auf Anamnesen und persönliche Kontakte. Eine Kommilitonin von mir war überzeugt, dass ihr – natürlich krebskranker – Vater von einer Seherin ferngeheilt worden sei, nachdem diese ein Bild von ihm gesehen hatte. Meine nicht geäußerte Reaktion war, dass die Kommilitonin einen gestörten Zugang zur Realität hätte. Diese Einschätzung hat sich auch nach Jahren nicht verändert. Die „Seherin" aber ist in meinen Augen ein Scharlatan.

[35] Siehe auch: Oermann, Nils Ole: *Albert Schweitzer*, Eine *Biographie*. 2010, S.126

[36] Kurz zuvor war ein Pfarrer von diesem Komitee abgelehnt worden, weil er nicht uneingeschränkt zugestehen wollte, dass das Johannes-Evangelium vom Apostel Johannes selbst stammt. Weiß der Teufel, woher die Komissionsmitglieder ihr eindeutiges Wissen hatten, aber es stammt weder aus der Bibel, noch von Gott noch ist es irgendwie historisch erweisbar. Vermutlich weiß wirklich nur der Teufel, der Diabolos, der Durcheinanderbringer, woher diese Herren ihr Wissen hatten.

unbedingte Nachfolge.

Aber wäre das große Ziel nicht einen Kniefall vor einem Forum von Heuchlern wert? Schweitzer wählte einen Zwischenweg: Er schlug vor, die Mitglieder einzeln zu besuchen. Nachdem klar wurde, dass er den Eingeborenen die historisch-kritische Methode nicht näherbringen würde, wurde sein Anerbieten – immerhin wollte er die finanzielle Seite alleine stemmen! – angenommen. Ein Mitglied trat aus; dieser Akt wird das Komitee bereichert haben.

Einflussreiche Freunde bewirkten, dass der lediglich in Deutschland diplomierte Mediziner in der französischen Kolonie arbeiten durfte. Inzwischen war es Februar 1913 und Schweitzer schraubte 70 Kisten zu, damit sie ihm nach Bordeaux vorausgesandt würden. Gestempelt: ASB – Albert Schweitzer Breßlau. 1912 hatten Helene Breßlau und Albert Schweitzer geheiratet.

1.4 *Afrika* 1913

Acht Jahre nach Beginn des Medizinstudiums war es so weit: Die Schweitzers reisten nach Französisch-Äquatorialafrika aus. Von Anfang an war klar, dass Europa ein Problem für Afrika ist. Die Ausbeutung durch die Kolonialmächte war ein durchgehendes Thema – und die Vertreter der Kolonialmächte waren oft genug die Handelsleute. Aber bereits nach einem Jahr ergriffen die Ausläufer des europäischen Krieges, der sich zum Weltkrieg ausweitete, auch die abgelegenen Gebiete in Afrika. Die Schweitzers wurden interniert und 1917 bis zum Kriegsende nach Frankreich gebracht – als Angehörige einer feindlichen Macht.

Dabei hatte es gut begonnen; über Bordeaux reisten nicht nur die beiden Eheleute aus, sondern mit ihnen kam auch vieles, was sie zum Aufbau eines Urwaldhospitals brauchten, Operationsbesteck ebenso wie spezielle Medikamente. Die Aufgaben eines Arztes in Deutschland unterschieden sich von denen eines Mediziners im Tropenwald etwa dadurch, dass dort die

Infektionskrankheiten eine der größten Herausforderungen darstellten. In Deutschland war Lepra kein Thema, in Afrika eine lebensbedrohliche Realität für viele.

Natürlich reisten die Schweitzers mit der Bahn. Natürlich reisten sie in der dritten Klasse, der sogenannten Holzklasse. Herr Dr. Dr. Dr. Schweitzer begründete dies mit dem ihm eigenen Witz damit, "weil es keine vierte gibt".

Die Reise ging an der Atlantikküste Frankreichs und Spaniens entlang und dann an der Westküste Afrikas, bis sie schließlich die Mündung des Ogowe (Ogooué) erreichten; durch dieses klassisches Delta mit vielen Armen können nur kundige Führung zum richtigen Ziel führen. Auf dem alternativlosen Wasserweg fuhren sie die ersten 100 km des ca. 1200 langen Stromes ins Landesinneren, bis sie Lambaréne, genauer Andende erreichten.

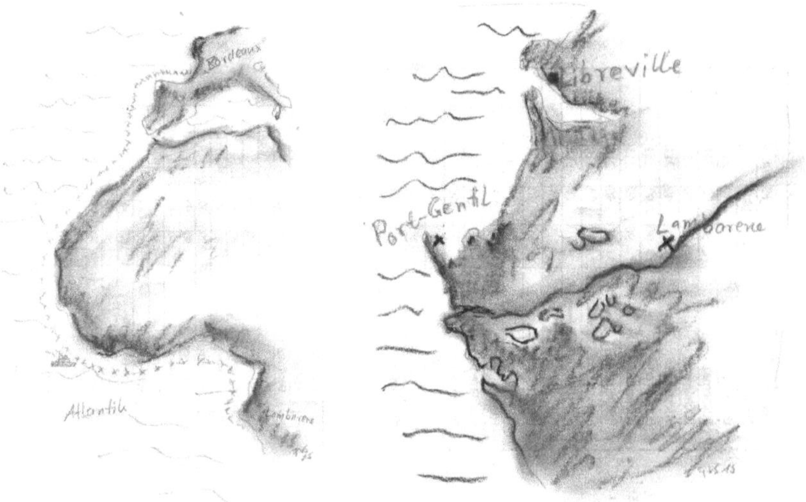

Links zeigt die Route ihres Schiffes von Bordeaux nach Port Gentil, die rechte Karte die ungefähre Lage von Lambarene vom Atlantik aus gesehen.

Erst mal galt es, Gebäude zu errichten. Die Missionare hatten es nicht geschafft, die versprochene Wellblechbaracke bauen zu lassen. Alle brauchbaren Arbeiter waren in den Holzhandel eingestiegen. Dort wurde gut bezahlt. Allerdings sprach es sich schnell herum, dass ein Arzt angekommen war und so trafen die ersten Patienten bereits vor der Fertigstellung ein. Lambarene war eine Art Verkehrsknotenpunkt, bis auf 200 km Entfernung kamen Patienten in Kanus herangefahren. Natürlich musste der Arzt sofort helfen. Malaria, Lepra, Schlafkrankheit, Dysenterie, Frambösia und phagedänische Geschwüre, so benennt er die Front der Krankheiten, der er sich zu stellen hatte.

Man kann sich vorstellen, wie schwierig es war, einerseits zu improvisieren, andererseits eine solide Basis zu errichten. Schweitzer hatte konkrete Baupläne, die er umsetzen wollte, aber was die Arbeitskräfte betraf, erlebte er die Probleme mit der heimischen Mentalität, die so wenig mit seiner Zielstrebigkeit zu tun hatte. Auf Helene als ausgebildete Krankenschwester konnte er sich verlassen und durch seine Persönlichkeit gelang es ihm auch, zuverlässige Mitarbeiter zu binden. Wenn heutige Kritiker ihm einen patriarchalischen Stil vorwerfen, müsste man ihnen antworten: Anders wäre es nicht gegangen. Er hätte auch (aus heutiger Sicht) politisch korrekt erfolglos bleiben können. Davon abgesehen ist es immer problematisch, die Maßstäbe einer späteren Zeit anzulegen; man könnte höchstens fragen, ob er auf der Höhe seiner Zeit war und die Antwort müsste vermutlich lauten: Nein, er war seiner Zeit voraus. So etwas nennt man Pionierarbeit. Der Vorwurf, dass er ein großer Selbstdarsteller war, enthält für mich keine inhaltliche Substanz: Eben weil er sich so gut zu inszenieren wusste, gewann er viele Menschen dafür, sich hinter diese Projekt und seine Idee, die ja universal war, zu stellen. Im Übrigen gilt diese Kritik auch für Leute wie Albrecht Dürer und Pablo Picasso, was zwar etwas über deren Erfolg aussagt, aber die Qualität ihrer Leistung nicht schmälert.

Wichtig war es natürlich, dass er praktische Helfer wie auch Dolmetscher, am besten jeweils in einer Person, finden würde. Bei diesen hebt er Joseph Azoawani hervor. Dieser verband das Dolmetschen damit, dass er seine Kenntnis von Kultur und Mentalität dem Doktor vermittelte. Es war für Schweitzer nicht immer leicht, zwischen beiden Kulturen den passenden Weg zu finden. Joseph riet ihm beispielsweise, Patienten mit aussichtlosem Krankheitsbild wieder heimzuschicken. So verhielten sich jedenfalls die Fetischmänner, die in einen schlechten Ruf gekommen wären, wenn sie sich erfolglos um eine Heilung bemüht hätten.

Die Mentalitätsprobleme (wer das Gesundheitswesen in Afrika kennengelernt hat, weiß, dass es diese auch heute gibt) spielten natürlich in den komplexen medizinischen Bereich hinein. Das Verständnis von Krankheit und Gesundheit ist beispielsweise durch animistische Vorstellungen geprägt. Während der europäische Schulmediziner naturwissenschaftlich erhebbare Kausalzusammenhänge erkennen will und darauf reagiert, gibt es im afrikanischen Denken Kausalzusammenhänge, die eher religiöser Art sind, etwa die Verursachung von Krankheiten durch Geister beispielsweise von Ahnen.

Schweitzer machte sich dies klar, er notierte es auch in seinen Berichten und Erzählungen. Er wollte den Afrikanern nichts überstülpen, auch wenn er gerade im Bereich von Hygiene und Wertschätzung des Lebens pädagogisch zu arbeiten versuchte. Wenn er erlebte, welche furchtbaren Folgen Fußverletzungen (die sich dann massiv entzündeten) hatten und versuchte, darauf einzuwirken, dass die Afrikaner im Urwald Schuhe tragen, dann passt dies natürlich nicht zur bisher gelebten Kultur, ist aber äußerst sachdienlich. Prävention macht auch einen Sinn für die, die unter den Folgen mangelnder Vorsorge leiden müssten – und die Infektion der Wunden an den Füßen konnte zu Blutvergiftung mit Todesfolge führen. Seine Beobachtung war frappierend: Auf den Bildern, die die Afrikaner von Europäern sahen, trugen diese Schuhe. Schuhe aber waren zu teuer, also war die Sache dadurch entschieden. Schweitzer plädierte für Sandalen, weil diese einfach herzustellen waren. Aber welche Europäer tragen schon Sandalen. Da kam die Mode Schweitzer zur Hilfe: Er hatte schon kapituliert, als plötzlich in illustrierten Zeitschriften, die sich auch in den Urwald verirrten, elegante Damen erschienen, die Sandalen an den Füßen trugen. Diese Mission der

Mannequins war erfolgreich. Ergebnis: „Ein Schwarzer, der auf der Veranda vor meinem Zimmer auf einem Schusterschemel sitzt..., schustert aus alten Autoreifen und Schläuchen, die wir im Landes zusammenbetteln, Sandalen zusammen... Gepriesen seien die eleganten Damen, die uns zur rechten Zeit zu Hilfe gekommen sind! Ihnen verdanken wir es, daß die vielen Verbände an Füßen von Leprakranken, die wir heute zu machen haben, rein bleiben."[37] Man spürt ihm dem Humor am Geschehen ebenso ab wie die Erleichterung über den Erfolg.

Als besonderes Problem beschreibt er die Häufigkeit von Hernien. Ich selbst erinnere mich noch an eine Begegnung in Afrika mit einem Jungen, von dem ich zunächst dachte, er hätte einen Bauchbeutel – und mich fragte, wie er diesen befestigt hatte. Mein erfahrener Begleiter erklärte mir, es würde sich um die Folgen eines Leistenbruchs handeln. Die schützende Bauchwand sei innen „gebrochen" und der Darm könne nun hervorquellen, nur noch geschützt durch die Hautschichten. Diese Beschreibung enthält nicht die Qualen, die damit verbunden sein können. Jeder von uns weiß, wie furchtbar Blähungen sein können; jeder von uns weiß dadurch, welche Schmerzen vom Darm ausgehen können; wenn nun dieser Darm durch die Bauchwand gedrückt wird, dann schmerzt das – wie bei Blähungen; wenn der Mensch sich bewegt, wird immer wieder ein extrem schmerzender Druck auf diesen Darmteil ausübt. Das allein wäre schon furchtbar – die Hernie, die sich weit herausgedrückt hat, bildet sich nicht von selbst wieder zurück. Die Eingeweide bleiben quasi „im Freien". Das betrifft erst mal „nur" die Schmerzen, aber wenn der Darm eingedrückt bleibt, ja, abgedrückt wird, kann sich der Darminhalt nicht weiter bewegen. Irgendwann wird der Darm reißen, platzen und dann gelangt der Inhalt in den Bauch. Das führt zu Vergiftungen und damit zum Tod. Schweitzer beschreibt, wie qualvoll dieses Leben endet, schreiend, brüllend. Diese Erfahrung kennt die gesamt Umwelt.

---

[37] Das war 1954. Quelle: Ausgewählte Werke, Band 5, Das Lambarenespital vom Herbst 1945 bis Frühjahr 1954, S.99f.

Jeder weiß aufgrund des vielfachen Miterlebens: Diese Krankheit endet tödlich und mit unsäglichen Schmerzen. In Deutschland ist ein Leistenbruch nichts tragisches, und eine vergleichsweise einfache Operation bringt die Lösung. An einen tödlichen Ausgang denken wir bei der Diagnose Leistenbruch nicht.

Schweitzer kam mit den Möglichkeiten, diese zum Tode führende Krankheit effektiv und relativ zügig zu besiegen. Äußere Voraussetzungen wie saubere Operationsräume und desinfiziertes Besteck mussten geschaffen oder besorgt werden, dann aber vollbrachte er eine Arbeit, die von seinen Patienten wie ein Wunder erlebt wurde. Da diese Kranken schon vor dem Exitus als tot betrachtet wurden, war ihre Heilung eine Totenerweckung. Diese für uns völlig fremdartige Vorstellung müssen wir bei den Afrikanern zumindest in Schweitzers Zeit in Rechnung stellen. Dann verstehen wir auch ganz gut, welchen Stellenwert der Doktor bei seinen Patienten und damit bei der Bevölkerung binnen kurzer Zeit hatte.

Diesen Stellenwert hatte er bei den Landesherren, den Franzosen nicht, weshalb sie ihn auch internierten und letztlich deportierten. Interessanterweise änderte sich dies in Frankreich, wo der Häftling in St. Remy de Provence als Arzt entdeckt wurde und seine Arbeit im Lager fortsetzen konnte. Die Franzosen hatten quasi einen Lagerarzt importiert.

Dass die Patienten ihn nicht bezahlen konnten, war klar. Schweitzer legte aber Wert darauf, dass sie zum Unterhalt des allmählich entstehenden Spitals beitrugen, etwa durch Bananen[38], Hühner oder Eier. Es war üblich, dass die Patienten von Verwandten begleitet und versorgt wurden. Diese zog Schweitzer nach Möglichkeit auch zum Aufbau des Spitals heran. Das „was nichts kostet, ist nichts wert“ wollte er gar nicht erst aufkommen lassen.

Andererseits erlebte er auch, dass Patienten meinten, sie würden ihn

---

[38] Er notiert im Übrigen auch, dass die Fruchtbäume nicht ursprünglich im Urwald waren und differenziert, dass „die Bananenstaude, die Maniokstaude, die Ölpalme, der Mangobaum und... erst durch die Europäer von den westindischen Inseln her, eingeführt“ wurden.

beschenken, indem sie gesund würden. Schweitzer freute sich darüber, dass sie gesund wurden und sagte ihnen dies. Manche reagierten so, dass sie meinten: „Wenn es dich so freut, warum schenkst du mir nicht etwas dafür, dass ich dir die Freude gemacht habe?“ Bei einem weiteren Patienten machte er erstmals eine irritierende Erfahrung. Er hatte eine Blinddarmentzündung diagnostiziert und den Blinddarm entfernt. Als der Patient aus der Narkose erwachte, zeigte ihm Schweitzer als Ursache seiner Beschwerden den Blinddarm. Daraufhin meinte der Patient: „Doktor, du hast mir etwas genommen; jetzt musst du mir auch etwas geben.“ Das entbehrt nicht einer gewissen Logik.

Schweitzer arbeitete nur als Arzt, nicht als Pfarrer. Nichtsdestotrotz durfte er an Sitzungen der Synode teilnehmen. Einmal geschah es, dass er eine Frage eines Missionars beantworten wollte und von einem schwarzen Prediger davon abgehalten wurde mit der Begründung, der Doktor sei doch kein Theologe und es stehe ihm nicht zu, eine Meinung zu äußern.

Aber auch Afrikaner sind keine besseren Theologen als Pariser Missionsgesellschaftler. Das erlebte Schweitzer, als er an Taufprüfungen teilnahm. Mit der Zeit durfte er auch selbst prüfen und richtete an eine alte Frau die Frage, ob Jesus arm oder reich gewesen sei. Die Frau reagierte empört, weshalb er so dumm fragen würde. Immerhin war der große Häuptling sein Vater, da kann er doch nicht arm gewesen sein. Der Theologieprofessor ließ sie bestehen, aber der zuständige Prediger monierte, dass sie zu selten im Katechumenunterricht war, stellte ihr Katechismusfragen, die sie mit Schlagfertigkeit nicht in seinem Sinne zu beantworten wusste und sie fiel durch. Das konnte Schweitzer an sein Pariser Prüfungskomitee erinnern, wo persönliche Eitelkeiten die Objektivität bzw. die Angemessenheit beeinträchtigten.

Mit der Zeit durfte er auch Gottesdienste halten – quasi als Prädikant. Zudem hatte er für den Urwald eine Orgel spendiert bekommen. Die Pariser Bachgesellschaft, für die er viel konzertiert hatte, hatte ein Klavier mit

Orgelpedal speziell für das tropische Klima bauen lassen. Das machte Lambarene auch für ihn zum Paradies.

1.5 1914: Krieg, die Niederlage des Menschen

Doch das Paradies gibt es nicht wirklich.[39] Menschen, die gottgleich alles selbst in die Hand nehmen wollen, zerstören dadurch schon den Ansatz des Paradieses. In diesem Fall waren es die zentraleuropäischen Politiker, die trotz besseren Wollens fast gradlinig auf einen großen Krieg zuliefen. Schon am 5. August mussten sich die deutschen Schweitzers als Gefangene Frankreichs bezeichnen lassen; sie bekamen schwarze Wächter zugeteilt, deren Ruf in den eigenen Reihen damit dahin war. Denn weshalb sollten sie den Herrn Doktor gefangen halten? Viele Schwarzafrikaner verstanden ohnedies nicht, dass die großen, zivilisierten Nationen, die so herrschaftlich gerierten, nun gegeneinander Krieg führten, auf einander schossen, sich töteten... Auch Europäer, die am Ogowe gelebt hatten, fielen im Krieg. Als es schon zehn Opfer von ihnen gab, hörte Schweitzer von einem „Wilden"[40]:

---

[39] Die biblische Geschichte wird im Garten Eden angesiedelt. Einen Ort mit diesem Namen gibt es bis heute: Aden. Aber wer würde Aden in der unruhigen Zone des Nahen Ostens ernsthaft als Paradies bezeichnen? Oder gar den ganzen Jemen?

[40] Er gebraucht dieses Wort sehr unbefangen; nach meinem Eindruck will er damit etwas beschreiben, nicht etwas bewerten. Nichtsdestotrotz ist diese Sprache zu hinterfragen. Unhistorisch ist freilich, ihm vorzuwerfen, dass er nicht den Anforderungen des beginnenden 21. Jahrhunderts entspricht. Natürlich spricht er die Sprache seiner Zeit ebenso wie wir – und es wäre interessant, zu beobachten, wie wir mit unserer Sprache in hundert Jahren bewertet werden. Kritiker der Sprache Schweitzers und seiner Zeit mögen also ganz vorsichtig sein, wenn sie nicht als Heuchler (im englischsprachigen Raum „Hypocrits") wahrgenommen werden wollen.

Die „Wilden" sind diejenigen, denen eine bestimmte Art von Kulturgütern fehlen. Schweitzer gelang es in diesem Kontext, den Menschen im anderen zu achten und dies unabhängig von seinem kulturellen Hintergrund. Das war sein Ansatz und er lernte durch viele Begegnungen noch hinzu und wusste die „Eingeborenen" dadurch immer mehr zu schätzen. Wir würden seine Begrifflichkeit heutzutage nicht mehr verwenden, aber der politische Umgang mit Menschen aus „unterentwickelten" Gebieten ist gerade im wirtschaftlichen und machtpolitischen Bereich nicht durch die Liebe zu den Menschen geprägt, sondern nutzt deren Defizite gnadenlos aus. Die Würde des Menschen ist bei Menschen, von denen „korrekt" geredet wird, durchaus angreifbar.

Eine Sprache der „political correctness" kann zu einer Art Verlogenheiten führen, weil der Versuch unternommen wird, mittels sprachlicher Änderungen die Wirklichkeit zu verändern, was nach meiner Beobachtung in den letzten Jahrzehnten wenig gelingt. Die Situation der Sinti und Roma scheint sich durch den Verzicht auf die Vokabel „Zigeuner" nicht verbessert zu haben und oft genug werden „Schwarze" ebenso diskriminiert wie „Neger". Es war eine Art Befreiungsschlag, als der US-amerikanische Präsident Barak Obama das Wort Nigger" öffentlich

„Schon so viele Menschen sind in diesem Kriege getötet worden! Ja, warum kommen dann diese Stämme nicht zusammen, um das Palaver zu besprechen?" Das klingt gut. Wenn wir allerdings realisieren, welche Stammeskämpfe mit vielen Todesopfern im 19. Jahrhundert stattfanden und welche Massaker es im 20. Jahrhundert im Tropengürtel gab, werden wir vorsichtig sein, Afrikaner für bessere Menschen zu halten. Die Vergleiche, die wir aufgrund einer guten Informationslage sammeln konnten, zeigen uns vielmehr, dass das Problem nicht bei Völkern oder Nationen liegt und so zuzuordnen ist, sondern dass es tief im Menschen verankert ist. Die Herausforderung, eine Ethik für die Menschheit zu formulieren, hat Albert Schweitzer angenommen und sein Ergebnis ist eine seiner größten Leistungen, auch wenn durch ihn die Erde nur punktuell besser wurde.[41]

Für sein Werk in Lambarene war die Phase eine Katastrophe. Es gab niemanden, der an seine Stelle trat. Das Spital zerfiel, der Urwald kehrte zurück, während Europa sich hinter die Steinzeit zurückschoss, mit Waffen, die leider sehr effektiv waren. Deutschland setzte als echte Kulturnation zum ersten Mal Giftgas ein[42], eine Schmach, die andere Kulturnationen nicht auf sich sitzen ließen[43] Die Schweitzers wurden interniert und kamen, wie bereits

---

aussprach, denn die Unterdrückung der Begrifflichkeit hatte die Unterdrückung der Problematisierung begünstigt. ("Es geht nicht nur darum, dass es unhöflich ist, in der Öffentlichkeit 'Nigger' zu sagen", sagte Obama. Das Problem liege tiefer. Das Erbe von Sklaverei und Diskriminierung werfe einen langen Schatten und sei noch immer "Teil der gesellschaftlichen DNA".) Die ZEIT, 22.6.15

[41] Etwa das Versuchsstoppankommen für Atomwaffen 1963: Schweitzer hatte sich dafür engagiert. Die Fortsetzung unterirdischer Kernwaffentests konnte er aber nicht verhindern.

[42] „Kein zivilisierter Mensch denkt daran, Giftgas einzusetzen" tönten deutsche Politiker kurz vor Ypern

Das erinnert natürlich an die auch in den Westen Berlins übertragenen Worte Walter Ulbrichts *am 15. Juni 1961*: „Niemand hat die Absicht, eine Mauer zu errichten." kurz bevor gegen die Bedrohung der Westberliner Invasoren (Ironie!) der „antifaschistische Schutzwall" (keine Ironie) erbaut wurde, nämlich am 13.8.61

[43] Wir können über die Jahrzehnte hinweg an den Einsatz von Napalm im Vietnamkrieg denken, oder an die strategisch überflüssige Bombardierung am 6. und 9.8.1945 von Hiroshima und Nagasaki mit Atomwaffen. Die experimentierfreudigen US-Amerikaner wollten einfach mal ausprobieren, welche der beiden Waffen (Plutonium bei Nagasaki oder Uran in Hiroshima).

Auch hier gibt es Beschämendes für das Christentum*: Vor dem Abflug sprach ein lutherischer Feldgeistlicher ein ‚ergreifendes Gebet': ‚Allmächtiger Vater, der Du die Gebete jener erhörst, die Dich lieben, wir bitten Dich, denen beizustehen, die sich in die Höhen Deines Himmels wagen und den Kampf bis zu unseren Feinden vortragen. […] Wir bitten Dich, dass das Ende dieses*

notiert, 1917 als Kriegsgefangene in die Provence, wo die Franzosen überraschender Weise entdeckten, dass Dr. Schweitzer ein Arzt ist, der sogar heilen kann. Militärs sind doch immer wieder äußerst intelligent – was man den Auswirkungen ihrer Tätigkeit weniger entnehmen kann und ihrem Kommunikationsstil noch weniger. Stillgestanden! Schnauze!! Dass die Intelligenz von Militärs der Denkgeschwindigkeit von Dinosauriern offenbar korreliert, macht die Ausrottung der Menschheit vorhersehbar. Das hat Albrecht Schweitzer natürlich viel diplomatischer formuliert. Aber er sah, dass der Menschheit das ethische Potential fehlte, angemessen mit den Problemen ihrer Welt umzugehen. Deswegen machte er sich auf die Suche nach einer „Formel“, die ein Heilungspotential für menschliches Wissen um Gut und Böse und dem Umgang damit enthielt.

Seinen Rückblick von 1931 „Aus meinem Leben und Denken“ beschließt er mit einem Epilog: „Zwei Erlebnisse werfen ihre Schatten auf mein Dasein. Das eine besteht in der Einsicht, daß die Welt unerklärlich geheimnisvoll und voller Leid ist; das andre darin, daß ich in eine Zeit des geistigen Niedergangs der Menschheit hineingeboren bin... so stehe und wirke ich in der Welt als einer, der die Menschen durch Denken innerlicher und besser machen will.“[44] Er schreibt dies vor der noch nicht absehbaren Herrschaft der Nationalsozialisten, er schreibt dies vor den auch für ihn immer deutlicher sichtbaren Vorboten des Holocaust. Der geistige Niedergang der Menschheit hat vermutlich seitdem nicht aufgehört. Dazu gehört die Flut von Kriegen, in denen immer bösere Waffen in alter Gewissenlosigkeit eingesetzt werden, dazu gehört aber auch, dass der immensen Zunahme an Informationen keine ethisch fundierte Aufnahme entspricht. Ich schreibe dieses Buch, weil ich glaube, dass Albert Schweitzers Impetus weiterwirken soll und muss. An

---

Krieges nun bald kommt und dass wir wieder einmal Frieden auf Erden haben. Mögen die Männer, die in dieser Nacht den Flug unternehmen, sicher in Deiner Hut sein, und mögen sie unversehrt zu uns zurückkehren. Wir werden im Vertrauen auf Dich weiter unseren Weg gehen; denn wir wissen, dass wir jetzt und für alle Ewigkeit unter Deinem Schutz stehen. Amen.‘“

[44] Aus meinem Leben, S.162

wem Albert Schweitzers Einsichten und Motive abprallen, der wird den Weg von der Steinzeit in die Gegenwart nicht schaffen; aber das stört ihn vermutlich nicht.

Ausgerechnet in die Zeit des ersten Weltkrieges fällt seine Entdeckung, wie er eine globale Ethik formulieren könnte. Die Völker schießen aufeinander, nicht nur Franzosen und Deutsche, sondern viele Regionen, auch Zentralafrika wurden hineingezogen. Schweitzer schafft innerlich den Durchbruch zu einer Ethik für die Menschheit, die nach seiner Einschätzung unabhängig von Kultur und Religion geteilt werden konnte.[45] Mehr dazu später. 1916 stirbt seine Mutter, die von scheuenden Militärpferden verletzt wurde. Er ist Kriegsgefangener. Mit dem Ende des Krieges wird Schweitzer französischer Staatsbürger. Dem Verhalten Schweitzer gegenüber hat dies Frankreich ebenso wenig verdient wie Deutschland. Er sah sich auch lieber als Elsässer eines guten Weinjahrgangs, wie er in seinem autobiographischen Film schmunzelte.

1919 kam seine Tochter Rhena in Straßburg zur Welt, an dem Geburtstag ihres Vaters am 14. Januar[46]. Albert war wieder Vikar in St. Nikolai und arbeitete als Assistenzarzt. Seine internationalen Kontakte wurden in dieser Zeit wieder wichtig. Nathan Söderblom, der zehn Jahre später den Friedennobelpreis bekommen sollte, unterstützte ihn nach Kräften. Mit Schweitzer verband ihn die Friedensbemühung. Diese konzentrierte er auf den kirchlichen Bereich, vor allem im Weltbund für Freundschaftsarbeit der Kirchen, später wie der Weltkonferenz für praktisches Christentum. Seit 1920 hielt Schweitzer in Schweden Vorträge über seine Ethik[47] und gab europaweit

---

[45] Dass er sich ausführlich gerade auch mit fernöstlichen Religionen und Philosophien auseinandersetzte, sei hier nur angemerkt.

[46] Ich weiß, wie toll das für Väter ist, da mein Sohn Martin mit mir Geburtstag hat. Da bin ich nicht nur mein eigener Jahrgang... Ähnliches galt wohl auch für John und Sean Lennon, die am 8. Oktober Geburtstag hatten.

[47] „In Upsala fand ich nun zum ersten Male ein Echo auf die Gedanken, die ich fünf Jahre lang mit mir herumgetragen hatte...“...als „ich die Grundgedanken der Ethik der Ehrfurcht vor dem Leben entwickelte, war ich so bewegt, dass ich nur mit Mühe sprechen konnte.“ Leben S.139

Orgelkonzerte. Diese Aktivitäten[48] brachten ihm so viel Geld ein, dass er seine Schulden bezahlen, in Königsfeld ein Haus für Frau und Kind bauen und die Vorbereitung für die Rückkehr nach Lambarene treffen konnte. Frau und Kind musste er in der Heimat lassen – genauer, in Deutschland -, da Helene durch die harte Zeit in Lambarene wie auch der Internierungshaft gesundheitlich stark angeschlagen war. Seine Schrift „zwischen Wasser und Urwald“, das er 1921 dahingeschrieben hatte, machte ihn noch populärer.[49] Er kommentierte ein Anliegen seines Buches prägnant: „Über mein Wirken im Urwald Äquatorialafrikas berichten zu sollen, wurde mir zu einer Gelegenheit, mich auch zu den schweren Problemen der Kolonisation unter den primitiven Völker zu äußern.“[50] Er schließt seinen Exkurs sehr deutlich und gegen allen Dünkel: „Zuletzt ist alles, was wir den Völkern der Kolonien Gutes erweisen, nicht Wohltat, sondern Sühne für das viele Leid, das wir Weiße von dem Tage an, da unsere Schiffe den Weg zu ihren Gestanden fanden, über sie gebracht haben...“ Er fordert auf, an einem neuen ethischen Geist zu arbeiten, denn das „heißt zukunftsreiche Weltpolitik treiben.“[51] Dabei bleibt er eben in der Kritik nicht wolkig ungefähr, sondern nennt die konkreten seuchenartigen Folgen des Eindringens der Europäer in Zentralafrika, allen voran der Alkohol.[52]

Noch arbeitete er an „Kultur und Ethik“, als er bereits „Kisten für die neue Fahrt nach Afrika“ packte. Eigentlich sollte sein Buch 1923 gedruckt werden, aber seine Druckerei in Nördlingen wurde vom Staat requiriert, denn der

---

[48] Ebd. S.140

[49] Mein Exemplar von 1951 umfasst die Auflage 171-181.000. Das spricht für den Erfolg vor und nach dem 2.Weltkrieg.

[50] Ebd. S.141. die Stelle ist recht lesenswert, da Schweitzer sehr wohlwollend differenziert, aber, wie die Sprache bereits zeigt, Kind seiner Zeit ist. „Das Tragische ist, daß die Interessen der Kolonisation und die der Zivilisation nicht immer in der gleichen Richtung laufen, sondern vielfach in Antagonismus zueinander stehen.“ Er würde den Völkern gerne die Zeit geben, sich angemessen weiter zu entwickeln, statt von einer Kultur in die andere gestürzt zu werden. Dass er auf solche Probleme wie den Alkohol eingeht, zeigt, dass sich in hundert Jahren wenig gebessert hat. Auch heute ist in den von wirtschaftlichen Konzernen ausgebeuteten Gegenden die Landflucht in den Alkohol hinein ein massives Problem.

[51] Ebd. S.145

[52] Dazu auch, einen Holzhändler zitierend, Oermann, Nils Ole: *Albert Schweitzer*, Eine *Biographie*. 2010, S.134

brauchte Unmengen von Druckereien für… Geld! Es war Inflation und ob der Papierpreis höher als der Geldwert war, wurde zunehmend fraglich. Nebenbei entstand noch ein kleines Buch, dessen Entstehung typisch ist. Er besuchte seinen Freund Oskar Pfister, einen Pfarrer und Psychologen, der als Pionier für eine psychoanalytisch ausgerichtete Seelsorge gelten kann. Dieser „tränkte“ ihn und brachte ihn beiläufig dazu, Begebenheiten aus seiner Kindheit zu erzählen. Professionell stenographierte er mit und ließ Schweitzer dann diese Mitschriften zukommen, so dass dieser „Aus meiner Kindheit und Jugendzeit“[53] schreiben konnte.

Die zweite Ausreise nach Afrika 1924 organisierte Schweitzer natürlich professioneller als die erste[54]. Allerdings erfüllten sich seine pessimistischen Erwartungen bei der Ankunft. Er musste alles neu aufbauen.

1.6 Afrika, zum zweiten: 1924 und eine neue Station

Dem Zollbeamten in Bordeaux kam es verdächtig vor, dass dieser Deutsche vier Kartoffelsäcke hatte, die angeblich lauter unerledigte Briefe enthielten. Er vermutete Geldschmuggel und ging mit Schweizer Akribie an die Arbeit. Doch als er nach eineinhalb Stunden den zweiten Sack durchgearbeitet hatte und keine Belege für ein Schweizer Konto des Prominenten entdeckt hatte, gab er auf, „kopfschüttelnd“, wie Schweitzer notierte.

Sieben Jahre waren seit ihrer Deportation aus Lambarene vergangen, aber das Ergebnis der langen Jahre vor Ort konnte den Heimkehrer deprimieren; gerade noch die Wellblechbaracke und der Hartholzrest einer ansonsten

---

[53] Erschienen 1924, 64 Seiten lang

[54] Wenn man die „Entwicklungspolitik“ heutzutage kritisch betrachtet, merkt man, wie schwer sich staatliche Stellen tun, hier wirklich professionell, also effektiv zu operieren. Dahinter steht natürlich auch das Problem der vielfältigen gegenseitigen Verpflichtungen, die nicht zwangsläufig sachdienlich sind.

Die Politiker Deutschlands wiederum, die in den 20er Jahren nach einem verlorenen Krieg das Land finanziell auf sichere Füße stellen wollten, brauchten dafür viel Zeit. Ihre Maßnahmen griffen erst, als bereits die Nationalsozialisten die Macht usurpiert hatten und die Erfolge sich auf ihre blutigen Fahnen schrieben.

verfaulten Bambushütte standen. Monatelang arbeitete er am Wiederaufbau, freilich wie bereits vor 11 Jahren in Arbeitsteilung mit sich als Arzt (morgens). Auch diesmal sprach sich das Wirken des Doktors herum und er bat bald in Europa um Ärzte und Pflegerinnen zur Unterstützung; je zwei kamen auch; so konnte er einen Teil seiner medizinischen Arbeit delegieren, da er sich am Bau als unverzichtbar erlebte.

Kaum war die erste Aufbauarbeit 1925 beendet, setze eine Hungersnot ein – mit allen medizinischen Implikationen, etwa einer Dysenterieepidemie. In Deutschland kannte man es als „Ruhr“ oder, wie betroffene weniger fein, aber treffend artikulierte „große Scheißerei“. Durch den Flüssigkeitsverlust ist sie lebensbedrohlich. Die Ursachen erkennt Schweitzer unter anderem im mangelnden Weitblick bei der „Landwirtschaft“. Der boomende Holzhandel nach dem Krieg hatte dazu geführt, dass die Anpflanzungen und Pflege vernachlässigt wurden.

Bild: Im zentralafrikanischen Urwald

Die Epidemie und andere Umstände führten dazu, dass Schweitzer sich jetzt, also nach dem Neuaufbau, daran machen musste, etwas Größeres zu organisieren. Dies ging jedoch mit dem vorhandenen Platz nicht und er brauchte eine neue Stelle, die er drei Kilometer stromauf auch fand. Er wollte dabei allerdings auch gleich einige bauliche Neuerungen einführen. So wurde der Arzt wieder Baumeister.[55] Oder mit seinen Worten: „Um das Spital gegen die Überschwemmungen des Flusses und gegen die nach schweren Gewittern von den Abhängen der Hügel herunterkommenden Wasser zu sichern, wurde ich ein modern-prähistorischer Mensch und führte es als ein Pfahlbaudorf in Wellblechbaracken auf." Wir wissen inzwischen schon, dass niemand so gut die Bauleitung übernehmen konnte wie der Straßburger Professor und so wundert es uns auch nicht, dass die ärztliche Arbeit seine Kollegen Dr. Neßmann, Dr. Lauterburg und Dr. Trensz übernahmen, während er der einzige war, der mittels seiner Autorität als der „alte Doktor" die Arbeiter zur Arbeit anhalten konnte. Selbstgefällig ironisch schreibt er: „Als Aufseher einer Arbeiterkolonne, die Bäume fällte, erhielt ich die Nachricht, daß die Philosophische Fakultät der deutschen Universität zu Prag mich zum Ehrendoktor ernannt hatte."[56]

Angeblich antwortete er US-amerikanischen Reportern[57], die ihn nach seiner Stellung zum Kommunismus fragten: "Solche Fragen existieren im Urwald nicht." Trotzdem schreibt er 1931, er wolle um das Spital herum einen Garten Eden entstehen lassen. „Hier soll einmal so viel Obst wachsen, daß jeder sich nach Belieben nehmen darf und der Diebstahl damit also abgeschafft wird."[58]

Am 21. Januar 1927 fand der Umzug der Kranken ins neue Spital statt. Ich habe etwas Analoges 1994 erlebt, als der verkehrsarme Karfreitag ausgewählt wurde, um die Patienten des Nürnberger Klinikums ins neu eröffnete Südklinikum zu verlegen. Die Kranken der Intensivstation kann man ja nicht einfach in ein Taxi steigen lassen, damit sie ein paar Kilometer weiter

---

[55] Er ist nicht der einzige Pfarrer, der sich auch als Baumeister verwirklichte. Spöttische Zungen sprechen dann vom xy-Gedächtnisbau.

[56] Leben, S.154

[57] In den fünfziger Jahren konnte man in den USA einen Antikommunismus beobachten, der pathologische Züge hatte. Nicht nur der Regierung mitsamt Mr. McCarthy hätte eine fundierte Psychotherapie gut getan. Aber der kleinere Teil des nördlichen Teils des amerikanischen Kontinents, dessen eingewanderte Einwohner ihren Staat unter Missachtung geographischer Realität als „Amercia" titulieren, tut sich bis heute schwer, ohne plakative Feindbilder zu leben.

[58] Leben S.155

sich wieder an die Apparate anschließen lassen. Das ist eine große logistische Herausforderung. Ein großer Fortschritt war in Lambarene, dass die Hütten nun Holzfußböden statt (feuchter) Erde hatten. Schweitzer selbst gestand: „Zum ersten Male, seitdem ich in Afrika wirkte, waren meine Kranken menschenwürdig untergebracht!“[59]

1927 kehrte er nach Europa zurück und „bettelte“ wieder, gab Konzerte und hielt Vorträge. Dazwischen lebte er in Königsfeld bei Helene und Rhena. Das Haus, das er gebaute hatte, sorgte für die nötige Höhenluft, deren Helene zur Genesung bedurfte. Bei der dortigen Brüdergemeinde fühlte er sich geistlich gut aufgehoben.

Die Zeit nutzte er für seine „Mystik des Apostels Paulus“. Bei einem Mann der Tat wie Albert Schweitzer legt es sich nicht sofort nahe, an Mystik zu denken. Aber der Zugang zu Jesus, der Zugang seinem Auftrag, zu wirken, hat mystische Elemente. Insofern ist der Theologe und Praktiker Schweitzer durchaus berufen, diesen Aspekt genauer anzuschauen, und dies bei Paulus, der wie er aus seiner Provinz aufbrach in die Welt hinaus und dort aber wiederum nicht in die Hauptstadt Rom, sondern in die Provinz, denn Gott will zu allen Menschen kommen. Hier ist nicht der Raum, auf dieses Werk von Schweitzer einzugehen, aber er fasst den zentralen Punkt gleich in seinem ersten Satz zusammen: „Pauli Mystik des Seins in Christo erklärt sich aus der Vorstellung, die er vom Kommen des messianischen Reiches und des Weltendes hat.“[60] Das passte natürlich zu den Erkenntnissen, die er aus seiner „Leben-Jesu“-forschung erhalten hatte. Das messianische Selbstbewusstsein Jesu, der mit einem nahen Weltende als Anbruch des Reiches Gottes rechnete, verträgt sich mit dieser Interpretation der Theologie und Mystik des Apostels Paulus.

Den vorangehenden Exegeten kreidete er an, dass diese bei Jesus eschatologische wie auch uneschatologische Aussagen lasen und die Lehre

---

[59] Ebd.156
[60] Ebd. 158

von Paulus als eine Mischung von eschatologischem wie hellenistischem Gedankengut darstellten. Daraus konnten sie dann – weil es ja die Barriere zwischen jüdisch-eschatologisch und hellenistisch im NT anscheinend nicht gab – die Hellenisierung des Christentums erklären. Dem setzte Schweitzer seinen Ansatz entgegen, dass sowohl Jesus wie auch Paulus eschatologisch dachten und damit die Frage zu beantworten war, wie es zur Hellenisierung kam.

Er selbst sieht die Erklärung dafür bei den nachfolgenden altkirchlichen Lehrern des 2. Jahrhunderts, z.B. Ignatius, die im kleinasiatisch-hellenistischen Kontext das für sie nicht verständliche jüdisch-eschatologische Gedankengut umformulieren mussten. Der aus dem kleinasiatischen Raum kommende Paulus hatte durch seine Rezeption und Darstellung des mystischen Seins in Christo zumindest sprachlich den Weg dafür bereitet. Schweitzer sah seine Aufgabe nun darin, die Verankerung des Paulus im Spätjudentum wie auch den exilischen und vorexilischen Propheten nachzuvollziehen.

Schweitzer sammelte mystische Sprüche des Paulus wie etwa Gal.2,20: „ich lebe nun nicht ich selber: Christus lebt in mir.“ Oder „Darum, ist jemand in Christo, so ist er eine neue Kreatur.“ (2.Kor.5,17)[61] Er erkennt darin den grundlegenden Gedanken Pauli: Ich bin in Christo, und lebe in einer neuen Wirklichkeit, die mich dieser Welt enthebt und bereits jetzt in der verklärten Welt sein lässt. Solche Vorstellungen lassen sich nur als mystisch bezeichnen und machen deutlich, das der Glaube von Paulus alles andere als kognitiv ist. Soviel dieser auch erklärt und so umständlich er auch begründet, das neue Sein in Christo ist eine Erfahrung, die nicht über die rationale Schiene läuft; deswegen führt er es auf den Geist Gottes zurück.

Schweitzer bezieht im Zusammenhang der Auffassung vom Abendmahl Paulus und die Kirchenväter (neben Ignatius und Justin stellt er auch das

---

[61] Mystik, S.28f.

Johannesevangelium) als Pole aufeinander. Nach der Auffassung der Väter wird Brot und Wein zu Fleisch und Blut Christi und vermitteln die Unsterblichkeit als solche[62]. Hier sieht Schweitzer den vollzogenen Übergang zum Hellenismus: „Besteht die Erlösung nun in dem ewigen Leben als solchem, so ist sie der in der hellenistischen Frömmigkeit erstrebten gleichartig geworden. Das spezifisch christliche ist nur in der Betonung der Auferstehung des Fleisches gewahrt... Nur ist die Mystik des Teilhabens am Logosgeiste Christi an die Stelle der Mystik des Sterbens und Auferstehens mit Christo getreten."[63] Es scheint nun nicht mehr um Auferstehung, sondern um Wiedergeburt wie in den griechischen Mysterien zu gehen.

Für Schweitzer ist der Bruch daran zu erkennen, dass im Urchristentum die „brennende urchristliche Erwartung des Reiches" der ersten Jahre oder Jahrzehnte verglüht ist. Schweitzer sieht den Gewinn der Pneumatologie Pauli darin, dass die Parusieverzögerung dadurch aufgefangen werden konnte. Durch das gegenwärtige Wirken des Geistes in mir bin ich in Christo und damit ist die Erlösung schon jetzt vorhanden.[64] Während ein großer Theologe der zweiten Hälfte des 20. Jahrhunderts schreib, „Gottes Sein ist im Werden" schleißt Schweitzer sein Paulusopus damit, dass Paulus erkannt habe, dass das Reich Gottes im Werden begriffen ist und sein Wesen in der Herrschaft des Geistes besteht, damit wird das übernatürliche zum ethischen Reich und das zu Erwartende zu etwas zu Verwirklichendem.[65] So beschreibt Schweitzer durch Paulus letztlich seinen eigenen ethischen Lebensweg.

Er beendete das Werk auf dem Weltmeer, dem Atlantik, zwischen Bordeaux und Cap Lopez: „Auf dem Ogowe-Dampfer bei der Fahrt nach Lambarene, am St. Stephanstage 1929". Auf der neuerlichen Fahrt wurde er wieder von der nun genesenen Helene begleitet, während er seine Tochter in der Obhut der Brüdergemeinde gut aufgehoben wähnte.

---

[62] Das verbinden sie mit einer entsprechenden Tauflehre, Mystik, S.375
[63] Ebd
[64] Ebd. S.729
[65] Ebd.S.731

1.7 Weihnachten 1929: Wieder in Lambarene

Der Theologe war sofort wieder als Baumeister gefragt, da durch eine erneute große Dysenterieepidemie, die gerade zu Ende gegangen war, der Platz eng geworden war. Die „Geisteskranken" mussten ausweichen. Sie profitierten dabei, da nun neue „Zellen" gebaut wurden, die besser auf ihre Bedürfnisse ausgerichtet waren, dazu luftiger und heller. Freilich war das Thema der psychisch Erkrankten noch nicht in die Kategorien der nächsten Jahrzehnte gebracht.

Seine Frau musste doch bereits nach einen Vierteljahr wieder zurück. An diesem Punkt beschloss er seinen Rückblick „Aus meinem Leben und Denken". In seinem Epilog geißelt der Kulturkritiker vor allem die geistigen Umstände seiner Gegenwart: „Durch den Geist der Zeit wird der heutige Mensch also zum Skeptizismus in Bezug auf das eigene Denken angehalten, damit er für autoritative Wahrheiten empfänglich werde."[66]

Schweitzer war bereit, den Kampf gegen diese Verunsicherung eigenständigen Denkens aufzunehmen, da er die ethische Formel gefunden hat, mit der er Klarheit in die trüben Gewässer der Desinformation und Manipulation bringen konnte. Das gelang ihm nicht flächendeckend, und auch die Zukunft konnte er nicht verhindern: das menschenverachtende stalinistische Regime ist bereits an der Macht und die Nationalsozialisten ergreifen sie. So musste Schweitzer hilflos beobachten, was es heißt, wenn der Teufel die Macht übernimmt.

Er schrieb 1931 dieses Vermächtnis auf, denn er schien den Zenit überschritten zu haben. Tatsächlich waren ihm noch 34 Jahre vergönnt und in denen geschah etwas, womit er nicht gerechnet hatte… Er avancierte zum Superstar.

---

[66] Meine Beobachtungen bei meinen Schülern (15-25 Jahre) bestätigen auch heute diese Tendenz. Kritisch sind die jungen Leute, aber leider verfügen sie oft über keine eigene Position, auf der sie ruhen können, von der aus sie denken oder argumentieren können. Vieles wird unkritisch oder pseudokritisch übernommen. Das mag auch daran liegen, dass es an überzeugenden Vorbildern in ihrer Umgebung mangelt.

1.8 Albert Schweitzer, Superstar

Es war ihm ja schon 1905 prophezeit worden, dass die Zukunft in der Publicity liegen würde, aber erst nach dem zweiten Weltkrieg wurde dies für ihn so richtig relevant. Film, Funk und Fernsehen verhalfen ihm zu einer unglaublichen Popularität – er wusste diese Medien offenbar auch zu nutzen.

Freilich ging dem die Zeit des Nationalsozialismus voraus. Er reiste immer wieder zwischen Lambarene und Europa hin und her. Zu Goethes 100. Todestag 1932 hielt er den viel beachteten Festvortrag. 1934ff. hielt er religionsphilosophische Vorlesungen in Edinburgh und nahm in London und Straßburg Schallplatten auf. Als er 1939 wieder von Lambarene nach Bordeaux fuhr, beeindruckten ihn die Gespräche an Bord und die Radiomeldungen über die drohende Kriegsgefahr derart, dass er nur zwölf Tage im Elsass blieb, das notwendigste regelte und an seinen Wirkungsort zurück kehrte. Bald war der Krieg vor Ort. Franzosen kämpften gegen Franzosen, Anhänger von de Gaulles und Vichy bekriegten sich; jedoch verschonten beide Parteien Lambarene. Schweitzers Spital war für sie sakrosankt.

1941 stieß Helene wieder zu ihrem Mann; sie hatte 1938 eine Werbetour durch die USA gemacht und genügend Spenden gesammelt, um durch die Kriegszeit zu kommen. Ihrem Mann schien sie im Betteln nicht nachzustehen. Nach Lambarene kam sie aus Paris; auf der Flucht vor der Judenverfolgung der Nazis. In Afrika blieb sie nach Kriegsende.

Nach dem Krieg reiste Schweitzer wieder zwischen Afrika, Europa und den USA; hielt er Reden zum 200. Geburtstag von Goethe und erhielt 1951 den Friedenspreis des deutschen Buchhandels. Hinter diesem etwas spröden Titel verbirgt sich eine Auszeichnung, die dem Nobelpreis sehr nahe kommt. Diesen erhielt Schweitzer, übrigens als Franzose, für 1952 im Jahre 1953 und hielt seine Rede 1954. Der letzte Deutsche, der ihn davor erhielt, war… nein, wäre Carl von Ossietzky gewesen, aber dem entzogen die Nazis prompt die Staatsbürgerschaft; also waren es Stresemann und Quidde aus der im deutschen Volk ungeliebten Weimarer Republik.[67]

Friedennobelpreisträger, das klingt beeindruckend; aber wie verstört reagierten deutsche und US-Politiker, als sich dieser einen Pelikan streichelnde Menschenfreund gegen die atomare Bewaffnung aussprach. McCarthy von der US-Regierung hätte ihn gerne vor den Ausschuss für unamerikanische Umtriebe zitiert, aber dummerweise war Schweitzer nicht im Land der unbegrenzten Dummheit und Intoleranz. Auch die deutsche Presse und Politik – allen voran Atomminister Franz-Joseph Strauß[68] - schossen sich auf den Pazifisten ein. Eine schwere Zeit für Schweitzer, aber er hatte schon andere geistige Kaliber ausgehalten. 1954 nahm er den Nobelpreis entgegen und am 23. April 1957 sendete Radio Oslo seinen Aufruf gegen die Gefahren der Kernwaffenversuche. Das hatte noch Albert Einstein vor seinem Tod 1955 mitinitiiert. Im Juni 1957 starb seine Wegbegleiterin, Helene. Dadurch war ihm eine Quelle der Kraft für sein Seelenleben genommen. Ihre Asche wurde in Lambarene beigesetzt und Albert ritzte ihre Lebensdaten eigenhändig in das weiße Grabkreuz. 1959 reiste Schweitzer zum letzten Mal nach Europa. Weiterhin war der hochbetagte Mann an seinem Lebenswerk aktiv. In Lambarene feierte er seinen 90. Geburtstag; Gratulanten aus der großen, weiten Welt machten sich auf den Weg zu ihm.

Am 4. September 1965 schloss er die Augen für immer. Im Herzen des kleinen Jungen an der Albert-Schweitzer-Schule im fränkischen Schweinfurt[69]

---

[67] Vor allem für seine konsequente Ostpolitik, mit der er den kalten Krieg überwinden wollte (Stresemann hatte die Aussöhnung mit Frankreich nach dem ersten Weltkrieg, Quidde grundsätzliche friedenspolitische Aktivitäten als Schwerpunkt, Ossietzky entlarvte wikileaks-mäßig die Kriegsvorbereitungen der Nationalsozialisten und kam dafür ins KZ), erhielt Willy Brandt als letzter Deutscher den Friedensnobelpreis 1971.

[68] 2015 wird dieser Patron des Münchner Flughafens genannt. Patron ist normalerweise ein Schutzheiliger. Sollte der eingefleischte Gegner von Pressefreiheit (Augstein-Skandal) und Förderer der die Bundesrepublik ausblutenden Atomindustrie (sie wurden subventioniert, konnten ihr kontaminiertes Material nicht entsorgen und klagen jetzt noch Abfindungen ein) tatsächlich ein Heiliger sein? Gott weiß nichts davon, aber vielleicht ist für die Heiligsprechung ohnedies ein gottloses Gremium zuständig....

[69] Im September 1960 versammelte sich eine große Schar von Kindern und Eltern vor dem neuerrichteten Schulgebäude der Albert-Schweitzer-Volksschule in Schweinfurt. Für mich war

aber lebt er weiter wie in den Herzen vieler anderer Menschen, die sich durch seine Persönlichkeit faszinieren und motivieren lassen. Sein Spital in Lambarene hat seitdem eine wechselhafte Geschichte, ist aber immer noch die zentrale Einrichtung der Gegend.[70]

2 Der große Denker und Täter

2.1 Schweitzer als Ikone des 20. Jahrhunderts

Seines Vornamens wegen assoziiert ihn mancher mit Einstein, dem anderen „Jahrhundert-Albert". Beide deutsche Ikonen waren keineswegs einfach deutsch: der in Ulm geborene Jude Einstein ließ sich „entgermanisieren" und wurde zum US-Amerikaner mit deutschem Akzent, der Elsässer Schweitzer aus dem deutschen Kaiserreich wechselte seine Nationalität zwangsweise von Deutsch zu Französisch und identifizierte sich mit Vorliebe und nicht ohne Koketterie mit Zentralafrika... Einstein prägte für sich den Begriff „Weltbürger", zu Schweitzer gibt es die bezeichnende Anekdote: Als der NS-Propagandachef Dr. Goebbels Albert Schweitzer für die Sache Hitlers einspannen wollte und "mit deutschem Gruß" unterzeichnete, lehnte Schweitzer höflich "mit zentralafrikanischem Gruß" ab.[71]

---

es der allererste Schultag und im Gebäude begeisterte mich der in die Halle integrierte Garten mit den damals exotischen Gummibäumen. Die Seitenwände waren mosaikartig mit Lambarene-Szenen gestaltet, so dass ich nun quasi täglich in den Urwald kam. Etliche Jahre später wurde mein Vater Rektor jener Schule und brachte mir Wirken und Intention Albert Schweitzers noch näher.

[70] Lambarene heute: Zahlen aus der medizinischen Statistik 2014:
Ambulante Untersuchungen: 21.007
Stationäre Aufnahmen: 6.024
Schwangerschaftsuntersuchungen: 1.837
Geburten: 893
Laboruntersuchungen: 54.731
Röntgenuntersuchungen: 2.895
Chirurgische Eingriffe: 1.443

[71] zitiert nach „Der Spiegel", 52/1960;
1940 musste Helene Schweitzer vor der Judenverfolgung der Nazis aus Paris fliehen.

Die beiden Albert, die sich zweimal trafen[72], verbindet in der Tat, dass sie Symbolfiguren wurden, nicht zuletzt, weil sie den Medien etwas zu bieten hatten. Beide erkannten und artikulierten, dass die Show dazu gehört, wenn man Inhalte verbreiten will.

Albert Schweitzer sagte dies den irritierten Journalisten ganz deutlich bei seiner Botschaft gegen Atomwaffen:

„Fotografieren Sie mich mit den Tieren. Das lieben die Menschen..."

Er wusste um die Macht der Bilder und funktionalisierte sie auf seine Weise.

Hier ein typisches Bild: Der Doktor bei der Arbeit, in Gesellschaft von Sissi

Seines gewaltigen Schnurrbartes wegen assoziieren ihn manche mit Karl May.[73] Von diesem unterscheidet ihn sehr viel, nicht zuletzt lehnte Schweitzer einen platten Dualismus ab. Aber sie haben gemeinsam, dass sie auch einfache Menschen erreichen konnten.[74]

Schweitzer, dessen wissenschaftliche Werke durchaus pompösen Charakter haben, machte sich auch über die Metaebene Gedanken. Er wollte Inhalte vermitteln, aber er fragte sich dabei, wie dies gelingen könnte. Das klingt schon an, als er in seiner Straßburger Zeit Konfirmanden unterrichtet

---

72 J. Wickert, Einstein, S.112

73 Albert Schweitzer äußerte zu May: »Was mich am stärksten an seinem Schrifttum gefangen nahm, war das herzhafte Bekenntnis zur Friedfertigkeit und gegenseitiger Verständigung, das fast alle seine Bücher belebt und uns wilde Rüpel nachdrücklicher als vieles Hochgeschraubtes belehrt hat, Großmut und Nachsicht zu üben, kurz gesagt: im Nebenmenschen selbst wenn er auf Irrwegen geht, den Bruder in Christo zu sehen - - und gerade das halte ich für das Unvergängliche an seinem Werk!« (zit. nach Heinemann S. 102).

74 „Versteht das die Wäscherin?" fragte er 1935 seinen Freund H. Baur anlässlich eines Korrekturbogens. (Ausgewählte Werke S.10)

und divergierende Interessen unter einen Hut bringen musste: Die Konfirmanden sollten gerne da sein und sie sollten auch Inhalte mitnehmen, die nur durch Auswendiglernen zu erhalten waren. Er löste das Problem auf seine Art, indem er nämlich einen entspannten Unterricht zum Wohlfühlen hielt und die letzten zehn Minuten dazu nutzte, mit den Konfirmanden den Lernstoff wiederholt zu lesen, dadurch zu memorieren und noch in der Stunde sicherzustellen, dass sich dieser „Schatz" einprägen konnte.[75]

Hier kommen wir noch einmal auf den Existentialisten Jean Paul Sartre zu sprechen. Alberts Großvater Philippe war der anfangs namentlich nicht genannte Urgroßvater von Johannes Paul Sartre[76]. Sartres Großmutter Mathilde, seiner Pariser Tante, die bei Sartre mitunter sehr seltsam hinsichtlich ihres religiösen Lebens beschrieben wird, widmete Schweitzer sein epochales Werk „J.S.Bach, le musicien-poète" (1905), weil sie ihn 1893 mit Widor, seinem späteren genialen Orgellehrer in Paris zusammenbrachte.[77]

Sartre und Schweitzer, durch eine Generation getrennt, kannten sich auch. Und in je ihrer Weise waren sie sehr direkte Denker, tiefgründig, aber gradlinig. Beide erscheinen als Moralisten mit dem Anspruch, ihren eigenen Ansichten gerecht zu werden. Jean Paul Sartre hielt sich für einen Atheisten und hätte als Nihilist enden können; das war aber nicht der Fall, sondern er hatte ethische Ansprüche.[78] Der kleine Jean Paul kam just in jenem Jahr zur Welt, als sein Großonkel den berühmten biographischen Bruch beging.

Zwischen beiden Familiensträngen gab es jedoch emotionale Spannungen,

---

[75] Aus meinem Leben und Denken S.26f.; ich habe diese Methode mit erfreulichem Erfolg aufgegriffen.

[76] u.a. Suzanne Oswald „Mein Onkel Berry" S.8. Sie legt Wert darauf, dass Philippe das Lehramt verließ, weil er den Amtseid auf Napoleon III. nicht ablegen wollte; er sei Republikaner durch und durch gewesen.

[77] Leben u Denken S.51

[78] Der Existentialist Sartre steht philosophiegeschichtlich im Zusammenhang mit Friedrich Nietzsche (1844-1900); Albert Schweitzer bezieht sich auch auf Nietzsche (und reagiert betroffen nicht nur auf dessen geistige Umnachtung, sondern auch auf seinen Tod). Sartre wiederum steht im Zusammenhang auch mit Kant (vgl. Sartre, Drei Essays, Nachwort W. Schmiele, 1973 S.190). Und auf Sartre bezieht sich interessanterweise Paul Tillich, der die Formulierung aufnimmt, die „Essenz des Menschen ist seine Existenz". (ebd.S.196)

da die Elsässer Familie die Pariser für eingebildet hielt – und möglicherweise wurden sie andererseits für Landpomeranzen gehalten. Als Albert Schweitzer in Paris studierte – und auch bei späteren Aufenthalten; bewährte sich jedoch der Familienzusammenhalt.

Ein kurzer Blick auf religiöse Seiten des jüngeren Verwandten lohnt sich: Sartre wuchs bei seinem Großvater Charles auf und notierte zu dessen Religiosität: „im übrigen dachte er fast gar nicht an Gott, außer in kritischen Augenblicken; da er sicher war, Ihm in der Todessstunde zu begegnen, hielt er Ihn aus seinem Leben fern."[79] Sartre stand zwischen Mutter und Großvater und nahm sich als Katholik und Protestant wahr, der den kritischen Geist mit dem Geist der Unterwerfung" vereinigte. Zwar kniete er jeden Tag mit gefalteten Händen auf dem Bett und sprach sein Gebet, aber als er von seiner Mutter zum Religionsunterricht in das Institut des Abbé Dibildos gebracht wurde, betragt er die Religionsschule mit dem Gefühl „ich sei jetzt in Feindesland".[80] Der ausgesprochen kirchenkritische Calvinist hatte seinen Enkel erfolgreich gebrievt.

Natürlich kannte Jean-Paul seinen Großonkel Albert, der mehrfach in Paris wohnte. Seine Lebensgeschichte mitsamt ihrer Motivation wurde sicherlich nicht nur diskutiert, sondern auch unterschiedlichen Bewertungen unterworfen. Auf alle Fälle konnte dem Jungen deutlich werden, dass es ethische Entscheidungen gibt, die weitreichend sind und die im eigenen Umfeld so umstritten sind, dass es Courage braucht, sie durchzustehen.

2.2 Die Weltformel $e=mc^2$ ungleich Ehrfurcht

Einstein gilt als Jahrhundertgenie, auch weil er die „Weltformel" fand: $e=mc^2$. Freilich lässt sich mit dieser Weltformel nur ein bestimmter Aspekt der Welt, nämlich der physikalische, erklären. Sie eignet sich auch nicht dafür, globale Probleme zu lösen – allenfalls, indem man mittels der Atombombe

---

[79] Die Wörter S.76
[80] Ebd. S.77

Materie in Energie verwandelt. Das aber klingt zynisch. Der andere Albert war zur gleichen Zeit ebenfalls auf der Suche nach einer Weltformel: für eine zukunftsfähige Ethik: Jeder Mensch sollte den Grund erkennen, weshalb er das Gute anstreben sollte. Diese Formel fand der Theologe, im afrikanischen Bannkreis des Animismus, mit den europäischen Wurzeln des Christentums, und mitten im 1. Weltkrieg. Eignet sich eine Weltformel, um den ethischen Aspekt zu klären und Lösungswege für globale Probleme zu beschreiben?

Schweitzers Fragestellung grenzte ans Unmögliche: Welche Motiv könnte für alle Menschen stark genug sein, sie auf einen humanen Weg zu bringen. Ein Appell reicht nicht aus, es muss ein fundamentales Motiv angesprochen werden.[81]

„– es war im September 1915 - Als einzige Fahrgelegenheit fand ich einen ...kleinen Dampfer... außer mir waren nur Schwarze, unter ihnen Emil Ogouma, mein Freund aus Lambarene, an Bord. Da ich mich in der Eile nicht hatte genügend verproviantieren können, ließen sie mich aus ihrem Kochtopf mitessen.

Langsam krochen wir den Strom hinauf, uns mühsam zwischen den Sandbänken – es war trockene Jahreszeit – hindurchtastend. Geistesabwesend saß ich auf dem Deck des Schleppkahnes, um den elementaren und universellen Begriff des Ethischen ringend, den ich in keiner Philosophie gefunden hatte. Blatt um Blatt beschrieb ich mit unzusammenhängenden Sätzen, nur um auf das Problem konzentriert zu bleiben. Am Abend des dritten Tages, als wir bei Sonnenuntergang gerade durch eine Herde Nilpferde hindurchfuhren, stand urplötzlich, von mir nicht geahnt und nicht gesucht, das Wort **'Ehrfurcht vor dem Leben**' vor mir. Das eiserne Tor hatte nachgegeben, der Pfad im Dickicht war sichtbar geworden. Nun war ich zu der Idee vorgedrungen, in der Welt- und Lebensbejahung und

---

81 Zeit zum Nachdenken hat man in Schwarzafrika immer wieder; er schildert seine lange Bootsfahrt auf dem Ogowe mit dem Ziel N'Gomo, an die 200 Kilometer stromauf.... Den Weg zu seiner großen Erkenntnis beschreibt er nahezu romantisch.

Ethik miteinander enthalten sind!...[82]

Schweitzer auf dem Ogowe, nahe der Inseln der Ehrfurcht vor dem Leben

Die Inseln werden heute „Inseln der Ehrfurcht vor dem Leben" genannt[83] . Ist dies symbolisch? Die „Ehrfurcht vor dem Leben" als eine Rettungsinsel in dem todbringenden Meer einer kommerzialisierten und globalisierten Welt? Schweitzers Erkenntnis hat mit Verantwortung zu tun. Zu Ver-ant-wortung gehört das Forum, vor dem der Mensch sich Rede und Antwort zu stehen hat. Foren wie der Internationale Gerichtshof haben oft genug versagt und helfen bei ethischen Deformierungen wie der Kapitalpolitik ohnedies nicht. Aber es gibt ein internalisiertes Forum, das eigene Gewissen.

Sich der Verantwortung vor dem eigenen Gewissen nicht zu stellen, führt zu seelischen Deformationen. Entsprechend gut gefüllt sind psychotherapeutische Praxen, denn irgendwann spricht sich das Lebensverachtende von der Tat zur Seele durch. Wenn Therapeuten Albert Schweitzers Erkenntnis als grundlegende Erkenntnis über das Seelenleben bekannt ist, können sie ihre Patienten und damit unsere Gesellschaft auf Ursachen ihrer „Krankheit" aufmerksam machen. Zentral formulierte es Schweitzer so: *„Als Wille zum Leben inmitten von Willen zum Leben erfaßt sich der Mensch in jedem Augenblick, in dem er über sich selbst und über die Welt um ihn herum nachdenkt. ... Nun hat sich der Mensch zu entscheiden,*

---

82 Leben u Denken S.118

83 Ulrich Neuenschwander, Denker des Glaubens, 1974, S.61; zu sehen auch in Schweitzers autobiographischem Film.

wie er sich zu seinem Willen zum Leben verhalten will."[84] Dieser letzte Satz offenbart seine auch geistige Verwandtschaft zu seinem Großneffen Jean-Paul Sartre und stellt Menschen aller geistiger Herkunft in den Rahmen der Verantwortung, weil jeder für sich zu entscheiden hat. Als Christ darf ich zuvor hören: In Jesus hat Gott gezeigt, dass auch er eine „Ehrfurcht vor dem Leben" hat, die mir gilt.

Schweitzer sieht eine große Problematik seiner Gegenwart darin, dass es so leicht ist, in Skeptizismus zu verfallen. Er vermisst das eigenständige Denken, dass über die Skepsis hinausgeht, sie überwindet. Freilich kann eine „realistische" Sicht der Welt zur Resignation führen, weil es ja doch nicht besser wird – das können wir ein halbes Jahrhundert nach Schweitzer ebenso feststellen. Aber der große Denker weiß auch: „Nur der Mensch, der durch Resignation hindurchgegangen ist, ist der Weltbejahung fähig."[85] Seine große Idee, die die Resignation überwindet, ergibt sich für ihn „als die sachliche Lösung der sachlich gestellten Frage, wie der Mensch und die Welt zusammen gehören."[86] Mensch und Welt gehören eben durch ihre Existenz zusammen, in besonderer Weise gehören alle Lebewesen zusammen. Und hier ist es Schweitzer wichtig, zu betonen, dass die Ethik der Ehrfurcht vor dem Leben keinen Unterschied zwischen höherem und niederem, wertvollerem und weniger wertvollem Leben macht. Er schreibt dies noch vor (!) der menschenverachtenden Herrschaft der Nationalsozialisten. Die praktizierte Menschenverachtung im Dritten Reich war aber keineswegs auf eine Partei beschränkt, sondern zog sich durch das Volk und ist wesentlich ideologiefreier heute noch wahrzunehmen. Natürlich ist es keine deutsche Eigenheit; wir finden sie auch anderswo.[87]

---

[84] Leben u Denken S.119
[85] Ebd. S.171
[86] Ebd. S.170
[87] 1976 reiste ich per Bahn durch Europa. In Firenze tat ich mich nach einer Nachtfahrt mit zwei jungen Finnen zusammen. Auf dem Weg durch die erwachende Stadt zur Jugendherberge erwarteten sie meine Zustimmung auf die Äußerung: „Schau dir diese Italiener an. Minderwertig! Da sind wir doch etwas Besseres!" Ich versuchte vergeblich, dies zu nivellieren

Fasziniert kann man lesen, wie weit Schweitzer diese Unterschiedslosigkeit treibt. Er ist froh, die Schlafkrankheit nun effektiv bekämpfen zu können, aber wenn er die Erreger unter dem Mikroskop betrachtet, trifft es ihn, dass er dieses pulsierende Leben vernichtet muss.[88]

Dass die Ambivalenz der Existenz sich in seiner Persönlichkeit wiederfindet, formuliert er durch die Einschätzung, dass sein Erkennen pessimistisch und sein Wollen und Hoffen optimistisch sei.[89] Es stimmt, dass die Pessimisten argumentativ die besseren Karten haben, aber es stimmt auch, dass die Optimisten das bessere Lebensgefühl haben. Schweitzer hat da eine ganz bedenkenswerte Position markiert.

3 Der große Theologe

Das Lebenswerk des Elsässers ist beeindruckend. Manchmal scheint es, als ob angesichts der Mammutleistung von Lambarene seine anderen Wirkungsfelder verblassen würden. Als ich in einem Musikfachgeschäft eine (Orgel-)CD von Schweitzer verlangte, war der Verkäufer überrascht, dass Schweitzer Musik gemacht hätte. Nur der Humanist und Urwaldarzt war ihm bekannt, auch nicht der Theologe. Dabei war Schweitzer keineswegs ein anonymer Christ, sondern legte Wert auf die Verkündigung, gleichzeitig wollte er sein ärztliches Wirken nicht als direkte Missionierung interpretieren. Doch auch als Arzt steckte der Theologe und Mediziner in ihm, was nicht nur dem Thema seiner medizinischen Dissertation zu entnehmen ist. Medizin verkörperte für ihn in bestimmten Hinsichten gelebte theologische Einsicht.[90]

---

und war froh, mich alsbald wieder auf eigene Wege begeben zu können. Die blonden Nordeuropäer machten mir deutlich, dass sie ihr Besser-Sein auch mit den Fäusten demonstrieren könnten.

88 Ebd. S.173. Immerhin ließe sich fragen, ob der Hauptschädling des Globus nicht ebenso vernichtet werden müsste wie die Krankheitserreger. Und dieser Hauptschädling ist der selbst ernannte Homo sapiens sapiens. Dass ich diese Frage mit Nein beantworte, versteht sich für einen Anhänger von Albert Schweitzer.

89 Ebd. S.178

90 Ähnlich beurteilt dies U.Luz, in Berlis Angela, Steinke Hubert, Wagner Andreas, von Gunten Fritz, Albert Schweitzer: Facetten einer Jahrhundertgestalt, 2013, S.63 „Albert Schweitzer als Theologe“

Seine theologischen Werke wie auch die Kulturkritik mitsamt der Ethik sind bis heute relevant. Das liegt m.E. u.a. daran, dass sie im aufrichtigen Sinne hermeneutisch sind: Auch wenn Schweitzer manche Meinungen nicht teilte, wollte er sie doch verstehen und verständlich machen.

Wichtig war ihm, unbedingt historisch zu arbeiten und gegenwärtige wie historische Vorstellungen nicht zu vermengen. Es geht um die historische Wahrheit, und vor dieser darf man keine Angst haben. Wenn das Christentum es nicht wagt, sich der historischen Wahrheit zu stellen, ist es nicht gesund. 1929 formuliert er: „Die Ehrfurcht vor der Wahrheit als solcher, die in unserem Glauben sein muß, wenn er nicht zum Kleinglauben werden soll, begreift auch die Achtung vor der historischen Wahrheit in sich.“[91]

3.1 Die Leben-Jesu-Forschung

Jesus bewegte Schweitzer seit seiner Kindheit immer wieder neu. Eine Bewegung durch den Heiligen Geist? Beeindruckend zeigt sich in seiner Leben-Jesu-Forschung-Arbeit seine Liebe zu Menschen und seine Liebe zur Wahrhaftigkeit. Dies macht nicht nur die Forscher mit ihrem engagierten bis existentiellen Interesse verständlich, sondern verstärkt seinen Impetus: Wir sind eine Gemeinschaft durch die Zeiten, die versucht, sich der Wahrheit anzunähern[92]. In gut platonischer Weise stellt er die Leben-Jesu-Forschung dialektisch dar, indem er manche Ergebnisse als Gewinn behält, andere aber als falsch erkennt und dadurch zu neuen Fragen angeregt einen Schritt weiter gehen kann, philosophisch gesehen dialektischer Idealismus pur.

Um überhaupt ein System in die mannigfaltigen Darstellungen des Lebens Jesu erstellen zu können, kapituliert er nach einiger Zeit vor der Papierform und ordnet die Bücher als solche in seinem Zimmer an – zum Leidwesen seiner ordnungsliebenden Vermieterin, mit der er den ein oder anderen Strauss auszufechten hatte.

---

[91] „Die Mystik des Apostels Paulus“, 1929, S.23
[92] Und vielleicht dabei im Kreis läuft...

Für die Anfangszeit steht für ihn Heinrich Venturinis „Natürliche Geschichte des großen Propheten von Nazareth“ von 1800ff., die immerhin 2700 Seiten umfasst. Hier ist eine rationalistische Weltsicht erkenntnisleitend, die vor allem an den Wundern Jesu ihren Anstoß nimmt und versucht, mit nachvollziehbaren Erkenntnismitteln ihre Entstehung zu erklären; als probates Mittel erweist sich dabei, natürliche Vorgänge wären wunderhaft missverstanden worden. Frage wie Antwortmuster haben sich seitdem erhalten. Wissenschaftlich ziehen sie jedoch nicht durchgehend.

Ein großes Ausrufezeichen setzte in der nächsten Generation Friedrich David Strauß (1808-1874), nach dessen Analyse der Evangelien er nur Rudimente für historisch gelten lassen will. Schweitzer sieht dessen Stärke in der intellektuellen Redlichkeit, die Einzelheiten der Geschichten von Jesus zu verstehen, was beim Versuch der Objektivität nicht gelingen kann.

Parallel dazu und in der Folge gewinnt eine Methode die Überhand, die ein probates Mittel zur Lösung darin gefunden hat, dass die immanenten Aussagen der Eschatologie geistig uminterpretiert werden. Sein eigener Lehrer Julius Holtzmann bringt dies zu einem Höhepunkt; besonders ansprechend, wenngleich nicht überzeugend findet Schweitzer Adolf Harnacks „Wesen des Christentums“ von 1901. Mit Harnack verband ihn auch eine kollegiale Freundschaft.

Das Hauptproblem ist und bleibt, dass in den vorliegenden Fassungen der Evangelien Jesus ganz realistisch vom Kommen des Menschensohnes und des messianischen Reiches verbunden mit dem Weltende redete. Schweitzer sieht als Problem seiner Kollegen, dass sie an Jesus die Kriterien ihrer Zeit anlegen und daher die fremdartigen Vorstellungen seiner Zeit nicht für ihn gelten lassen können. Hat sich Jesus also im Sinne seiner Zeitgenossen für den Messias gehalten oder nicht?

Schweitzer persönlich überzeugt als Ausgangspunkt Johann Samuel Reimarus (1694-1768), dessen Werk „Vom Zwecke Jesu und seiner Jünger“, das nach seinem Tod von Lessing anonym herausgegeben wurde. Dieser setzt voraus, dass Jesus die eschatologisch-messianischen Erwartungen seiner Zeit geteilt habe. Schweitzer baute diese Position letztlich aus. Dabei kann er auf Erkenntnisse von Johannes Weiß „Die Predigt Jesu vom Reich Gottes" (1892) zurückgreifen, der das messianische Selbstbewusstsein Jesu aus den Evangelien historisch (!) zu erschließen versucht. Für Schweitzer, den Power-Theologen ist Weiß nur nicht radikal genug; denn er schließt nicht aus den Reden Jesu auf sein Handeln als dass eines Messias. Die Probleme, die bei der Erschließung der Evangelien auftauchen, ordnet Schweitzer den Jüngern zu, die Jesus nicht in allen Dimensionen verstanden und aus ihrem Missverstehen heraus missverständlich von ihm redeten.[93]

Dabei distanziert er sich von seinem Zeitgenossen William Wrede (1859-1907), der versucht, nachzuweisen, dass Jesus die eschatologischen Vorstellungen nicht teilte, sondern sie ihm von der nachösterlichen Gemeinde zugesprochen wurden. Es kennzeichnet Schweitzer, dass er mit Wrede einen freundschaftlichen Briefwechsel führte.

Bei seiner Darstellung der Forschungsgeschichte verliert er die Forscher nicht aus dem Blick: Hier schreiben konkrete Personen mit konkreten Anliegen. Es geht nicht nur um messbare Ergebnisse wie im naturwissenschaftlichen Bereich, sondern der wissenschaftliche Eros wird erspürt wie auch die existentielle Betroffenheit als Grundlage einer Forschung, die Wesen und Geschichte Jesu verstehen will. Ist das Fundament meines christlichen Glaubens verlässlich? Hält es auch vor meinem Verstand stand? Diese Fragen teilt Schweitzer mit den Leben-Jesu-Forschern. Bei der Darstellung der Forschungsergebnisse geht er immer wieder ins anschauliche Detail und demonstriert anhand von Fehlentwicklungen, wie eigenständig die Forscher sich bewegen, wie unorthodox und wagemutig sie oft sind, und wie sie sich auf diese Weise trotz irritierender Ergebnisse wohltuend von jenen abheben, die nur das jeweils

---

[93] Dieser Überblick orientiert sich an Schweitzers eigener Kurzfassung von 1931. Leben S.38-41

Anerkannte anerkennen und vertreten. Das Ergriffensein von der Liebe zur Wahrheit verbindet Schweitzer mit den NT-Forschern, deren Werke er darstellt. Selbst mit unbefriedigenden Ergebnissen seiner Kollegen geht er sehr verständnisvoll um und kommentiert die seiner Meinung nach wenig aussagekräftige Literaturgeschichte der Leben-Jesu-Forschung von Hase: „Hase stellte sie geistreich nebeneinander, vermochte sie aber weder nach inneren Prinzipien zu gruppieren noch gerecht zu beurteilen... Woher hätte er auch aus der Leben-Jesu-Forschung seiner Zeit ein Einteilungsprinzip nehmen sollen?“ Selbst diese kritische Beurteilung enthält ein menschliches Verständnis: der Forscher konnte eben seinerzeit nicht besser. Diese Menschenliebe bringen viele andere Dogmatiker bis in die Gegenwart nicht auf – oder zumindest nicht in ihren Büchern unter. Doch wenn die Liebe zur Wahrheit nicht mit der Liebe zu Menschen gepaart ist, verliert sie die Substanz.

Schweitzers Werk über die Leben-Jesu-Forschung stellt keinen Zwischenbericht dar, sondern entwickelt sich zum Rückblick und führt sie in gewisser Weise auch zum Abschluss. Dabei sind zwei Arten von Abschluss denkbar: Entweder ist die Lösung gefunden oder die Fragestellung erübrigt sich. Letzteres findet sich in den diversen Werken über den historischen und kerygmatischen Jesus etwa bei Bultmanns „Leben Jesu“? Durch Schweitzer ist das doch abgeschlossen[94] und durch Barth überflüssig geworden, meint der Marburger Theologe. Bultmann bringt den Begriff des kerygmatischen Christus ein und nähert sich der Frage des Spiegel-Reporters „Ist Jesus auferstanden wie Goethe“ mit einem großräumig umschriebenen „Ja“.

Für Schweitzer aber liegt die spezifische Lösung in der Eschatologie: „Als der geistige Herrscher des geistigen Reiches Gottes auf Erden ist er der Herr, der in unsren Herzen herrschen will.“[95] Als Exeget formuliert er es so: „Für das geschichtliche Verständnis des Lebens Jesu ist aber erforderlich, dass

---

[94] Neuenschwander 115

[95] Leben Jesu Forschung, Vorwort zur 6. Auflage S.35

man die Tatsache, dass er in der eschatologisch-messianischen Vorstellungswelt des Spätjudentums lebte, in allen ihren Konsequenzen ausdenkt und seine Entschlüsse und Handlungen nicht aus Erwägungen gewöhnlicher Psychologie, sondern allein aus Motiven, die in seiner eschatologischen Erwartung gegeben sind, zu begreifen sucht."[96] Für Schweitzer hieß dies aber: Wenn Jesus das baldige Weltende erwartete, es aber nicht eintraf, müssen wir heute seine Vorstellungen in unsere neuzeitliche Weltanschauung übertragen, wir müssen uns „durch die historische Wahrheit zur ewigen hindurcharbeiten".[97] So kommt Schweitzer zu der spannungsvollen Aussage, Jesus wolle Gewalt über mich haben, ergreifend am historischen Jesus aber sei „seine Unterordnung unter Gott."[98] Mittels der Bergpredigt gelangt er zu dem Schluss: „Die Wahrheit, daß das Ethische das Wesen des Religiösen ausmacht, ist durch Jesu Autorität sichergestellt."[99] Genau dies bewegte Schweitzer im Tiefsten und darum bemühte er sich am intensivsten: eine Weltethik zu finden, zu formulieren und ihr entsprechend zu handeln. Historisch ging freilich sein Handeln seinem Formulieren voran.

Erstaunlicherweise beschließt Schweitzer seine „Leben-Jesu-Forschung" nicht mit der Ethik, sondern mit der Frage nach der Historizität Jesu. Rein historisch hält er die Existenz Jesu für wesentlich wahrscheinlicher als seine Nicht-Existenz[100], ebenso hält er aber einen Roman des Lebens Jesu für undurchführbar. Zu diesen historisierenden Experimenten kommentierte er: „Sie kann sich sogar mit einem gewissen gelehrten Apparat umgeben und auf geschickt bearbeitete Massen Eindruck machen. Sobald sie aber aus der

---

[96] Mein Leben und Denken S.40f.

[97] Mein Leben und Denken S.44f.

[98] Mein Leben und Denken S.46f.

[99] Mein Leben und Denken S.48

[100] zu den Gegnern: „Eine Auslegung widerlegt die andere" (mythisch gegen symbolisch)... dagegen die moderne Theologe „ihre Vertreter sind in den Grundprinzipien der Texterklärung untereinander einig.". (S.782) Der Skeptizismus ist bisweilen eine selbstverliebte Spielerei, wie man an der immer wiederkehrenden Behauptung, die Mondlandung (ich saß am 20.7.69 vor dem TV-Gerät und konnte kaum etwas erkennen...) sei gefaked. Man muss schon über sehr viel ungenutzte geistige Kapazität verfügen, um sich mit so etwas zu beschäftigen.

lärmenden Polemik mit der ‚Theologe' heraustritt und sich ans wirkliche Beweisen wagt, wird sie alsbald als undurchführbare Hypothese offenbar."[101] Gerade in jüngerer Zeit wurde offenkundig, wie realistisch Schweitzer urteilte und vorher sah. Ob es um Videoaufnahmen von Jesus (per Zeitreise) ging oder um seine Nachkommen, die er via Maria Magdalena hinterließ („Sakrileg", „der Da-Vinci-Code"), diese Machwerke sind historisierend, aber nicht historisch. Üblerweise erkennt die „Masse" den Unterschied nicht immer. Und so wird Jesus nicht einmal mehr zum Opium für das Volk, sondern gerade mal zum Big-Mac der Romanleser.

Schweitzer resümieret ziemlich brutal: „Der Jesus von Nazareth, der als Messias auftrat, die Sittlichkeit des Gottesreiches verkündigte, das Himmelreich auf Erden gründet und starb, um seinem Werke die Weihe zu geben, hat nie existiert." Er nennt auch die Quellen für dieses Phantasiegebilde: „Es ist eine Gestalt, die vom Rationalismus entworfen, vom Liberalismus belebt und von der modernen Theologie in ein geschichtliches Gewand gekleidet wurde."[102] Da sind wir wie so oft wieder ganz nahe an Versuchungen der Gegenwart. Das macht Schweitzer so faszinierend: Er hat einen klaren Blick für die Versuchlichkeit religiöser und antireligiöser Menschen, ihre Intentionen mit der Wirklichkeit gleichzusetzen.

3.2 Die Kulturkritik und die Ethik

Seine Kritik an der Kultur, genauer, seine Analyse der Krise der (europäischen) Kultur veröffentlichte Schweitzer 1923[103], aus heutiger Sicht zwischen beiden Weltkriegen, damals „nach dem großen Krieg." Aber leben wir nicht immer zwischen zwei Kriegen? Die Kriseninterpretationen seiner Zeit waren in der Regel weltkriegsbezogen; heute wird die Krise, die sich auch als Krise für die Weimarer Republik darstellen lässt, häufig ökonomisch

---

[101] Leben Jesu Forschung S.789
[102] Leben Jesu 872
[103] Kultur und Ethik 1923

erklärt, vor allem mit der hohen Arbeitslosigkeit. Damit kombiniert ist das Problem, dass die Deutschen die Demokratie als aufgezwungen erlebten und die Krise, durch welche die Demokratie sie führen musste, dieser anlasteten statt dem Kaiserreich; dagegen wurde das Kaiserreich glorifiziert.

Die Interpretationen dieser ökonomischen Probleme und der Frage der nationalen Identität greifen zu kurz, wenn wir Schweitzers Kritik lesen. Er sieht die Kulturkrise auch bei den nicht-kriegsbeteiligten Staaten[104] und führt sie daher nicht auf militärische, politische oder ökonomische Ursachen zurück, sondern versucht die geistigen Gründe zu erkennen. Hier sieht er schon ein Grundproblem: Materiell hat sich die Kultur viel schneller entwickelt als geistig; das erläutert er durch ein technisches Gleichnis: Wenn du schneller fährst, musst du sicherer steuern können. Er hätte dies neunzig Jahre später auf die Multi-Media-Generation beziehen können: Ein Autofahrer, der gleichzeitig fährt, überholt, eine Zigarette raucht, seinen Bordcomputer laufen lässt und das Handy ans Ohr hält muss topp drauf sein, um diese Komplexität zu beherrschen[105]. Ich erlebe gerade als Lehrer an beruflichen Schulen, dass Schüler, die sich ansonsten im Unterricht schwer tun, dazu neigen, Sachen gleichzeitig zu machen. Sie können häufig die Komplexität, um die es geht, nicht einschätzen und auch nicht bewältigen. Gerade im schulischen Bereich muss eigene Leistung nachweisbar sein und dies findet immer auch im Vergleich statt, es ist also evident, dass es machbar ist, wenn andere es schaffen. Diejenigen, die es schaffen, verfügen meistens über die Fähigkeit, sich auf ein Thema zu konzentrieren oder mit einem modischen Wort: zu fokussieren. Das Multi-Tasking gibt es zumindest im schulischen Bereich mehr als Behauptung denn als erhärtbare Fähigkeit. Bezogen auf unsere zunehmend komplexer funktionierende Gesellschaft

---

[104] Krise der Kultur S.117

[105] Die Behauptung, Frauen seien zu so etwas fähig, weil sie multitasking seien, wird durch meine Erfahrungen im Verkehr nicht bestätigt. Frauen sind vielleicht anders als Männer im Umgang mit vielseitigen Anforderungen, aber das bessere Lösungspotential erschließt sich weder für die eine noch für die andere Hälfte der Menschheit.

zeigen sich hier viele Grenzen. Je mehr technische Möglichkeiten zur Verfügung stehen, desto problematischer wird für Menschen das gelingende Miteinander. Unsere westliche Kultur erweist sich auch als eine Kultur der Überforderung des Individuums.

Freilich ist die Frage, was der Begriff „Kultur" bedeutet. Die Anthropologen nehmen für die Menschheitsgeschichte Themen wie „Beherrschung des Feuers", „Artefakte", „Sprache" und später dann Ackerbau, also Kultivierung von Pflanzen und Viehzucht, Kultivierung von Tieren zu Nutztieren, Erschließung neuer Materialien wie Metallen und auch die Entwicklung von Schrift und Zahlen. Das sagt natürlich noch nichts über eine ethische Entwicklung der Menschheit aus, auch wenn Verschriftlichungen die Reflexion unterstützen oder der Einsatz von Werkzeugen und Waffen eine Absprache über ihre Verwendung erfordert.

Schweitzer bestimmt in seiner wissenschaftlichen Sprache genauer, was er unter Kultur verstehen will, nämlich den geistigen und materiellen Fortschritt auf allen Gebieten, mit dem eine ethische Entwicklung der Menschen und der Menschheit einhergeht.[106] So erkennt er einen Fortschritt in der Ethik, wenn sich „der Kreis der Solidarität mit anderen Menschen"[107] erweitert und bringt dazu Erfahrungen aus Afrika ein: Er spricht von seinen Patienten als „Primitiven" und macht dies beispielsweise daran fest, dass sich ihre Solidarität auf die Stammesmitglieder bestimmt. Als Problem stellt es sich ihm dar, wenn ein Patient ohne Angehörige im Spital liegt und Schweitzer Angehörige eines anderen Stammes bittet, für diesen Kranken das ein oder andere zu tun. Die Reaktion ist für ihn in der Regel: „Dieser ist nicht Bruder von mir." (in seinen Notizen aus den 30er Jahren) Und er notiert, dass die Dienstleistung weder durch Lohn noch durch Drohung erreicht werden kann. Dies ist insofern irritierend, als in anderen Gegenden, die durch eine

---

[106] Leben S..148, Weitere Ausformulierungen finden wir in „Das Problem der Ethik in der Höherentwicklung des menschlichen Denkens", 1952

[107] Ebd.S.143

begrenzte Mobilität ausgezeichnet sind, das Stichwort „Gastfreundschaft" eine grundlegende Rolle spielt.

Als Denker der Kultur und Ethik benennt er aus den verschiedensten kulturellen Bereichen Kronzeugen; Lao-Tse, Amos, Zarathustra oder auch Plato. Diese Liste erweitert er durch verschiedene Namen aus den selben Kulturkreisen.[108] Als kritisches Unterscheidungsmerkmal wählt er das Stichwort der Brüderlichkeit. Er könnte auch von der „Gleichheit aller Menschen" schreiben und hätte damit die Gender-Problematik eingeschlossen. Brüderlichkeit ist für ihn kein sexistisches Wort.

Wichtig wird für ihn, dass in der griechischen Antike der Humanismus auftaucht und wiederum mit der Vernunft begründet wird. Es geht zwar möglicherweise um Gefühle, aber die Begründung dafür erfolgt logisch, in der Regel deduzierend.

Innerhalb dieser Entwicklungen kontrastiert er Weltverneinung und Weltbejahung. Indische Denker und christliche Denker der Antike und des Mittelalters stehen für ihn für Weltverneinung, für die Weltbejahung chinesische Denker, die Propheten Israels, Zarathustra und die christlichen Denker seit der Renaissance. Das hat offensichtlich damit zu tun, wo und wie sie die wahre Welt lokalisieren – etwa immateriell, unveränderlich und ewig, also diesseitsverneinend oder aber durch die Liebe begründet wird und daher diesseitsbejahend. Diese Sicht wirkt sich darauf aus, ob wir dieser Welt aktiv oder nicht-aktiv gegenüberstehen. Für Schweitzer wird dies besonders an Buddha deutlich, der die Nicht-Aktivität zum Inhalt seiner Lehre hat, aber durch die sich aus der Begegnung ergebende Forderung nach Nächstenliebe immer wieder zur Aktivität (in der Lehre für seine Jünger) tendiert. Buddha lebt und verkündet als Ziel, die Begierde zu überwinden bis hin zur Völligen Begierdelosigkeit auch die von der Begierde zur Begierdeslosigkeit befreite, also dem Nirvana[109].

---

[108] Ebd. S.144f

[109] Im Indogermanischen – Siddartha Gautama war Inder – teilt sich dieses Wort in Nir, also die

Wie schon bei seiner „Leben-Jesu"-Forschung kommt Schweitzer auch bei der „Ethik" zu einem Punkt, wo ein endgültiges Ende der Fragestellung erreicht ist, weil eine Grundlage geschaffen wurde[110]. Er behauptet: „Seit Hume hat die Philosophie – wenn wir von Friedrich Nietzsche absehen – nicht mehr ernstlich daran zu zweifeln gewagt, dass die Ethik in erster Linie eine Sache des Mitempfindens und eines ihm entsprechenden helfenden Verhaltens ist."[111]

Erstaunlicherweise konnte ich bei Schweitzers Studien zur Ethik nichts zu Jean-Paul Sartre finden. Immerhin war dieser spätestens seit „Das Sein und das Nichts" von 1946 einer der führenden französischen Intellektuellen. „Der Existentialismus ist ein Humanismus" aus demselben Jahr brachte das für längere Zeit tonangebende Stichwort „Existentialismus" pointiert in die Nachkriegsphilosophie ein. Sartre legt zugrunde, dass der Mensch durch den Zufall seiner Geburt in die Existenz „geworfen" ist und nun in dieser zufälligen Existenz versuchen muss, seinem Leben einen Sinn zu geben. Hard-core Existentialisten schreiben vom Ek-Sistenzialismus, weil wir aus dem Nichts Heraus-Stehende sind.

Schweitzer schließt die Entwicklung der Ethik eigentlich mit Hume (und Nietzsche) ab. Als Manko der Ethik der Gegenwart analysiert er, dass es keine formulierbaren Gebote oder Verbote geben kann. Der Einzelne muss diese für sich festlegen. Dabei erweitert Schweitzer nun den Blick von der „Brüderlichkeit" hin zu allen Geschöpfen. Ethik ist nur ethisch, wenn auch die Mitgeschöpfe im Blick sind.[112]

Hier formuliert er seinen berühmten Satz: „Ich bin Leben, das leben will, inmitten von Leben, das leben will." Und fährt fort: „Das Geheimnisvolle

---

Verneinung, wie wir sie in Nir-gends (keine Gegend) finden und Vana, im deutschen „Wähnen", also Denken. Wenn auch das Denken nicht mehr ist, dann gibt es keine Begierde mehr. Das ist Buddhas Ziel.

[110] Auch in seinem Werk über Bach erklärt er, mit diesem sei die Musik an ihrem Ende, also bei der Vollkommenheit, angekommen. Die Klassiker oder Romantiker sind dann auf anderen Wegen; nur so kann es Neues in der Musik geben.

[111] Ebd. S.153

[112] Ebd. S.155f.

meines Willens zum Leben ist, daß ich mich genötigt fühle, mich gegen allen Willen zum Leben, der neben dem meinen im Dasein ist, teilnahmsvoll zu verhalten."[113] Hier wird noch einmal deutlich, dass die „Ehrfurcht vor dem Leben" mein eigenes ebenso beinhaltet wie das fremde.[114]

Die Kulturkritik Schweitzers ist erstaunlich aktuell. Vielleicht ist es auch weniger erstaunlich, wenn man eine lutherische Anthropologie zugrunde legt. Eine positive Perspektive, wie sie der ansonsten misanthropische Karl Marx seiner Geschichtsinterpretation entwickelt, muss verzweifeln. Der philanthropische Schweitzer will trotz pessimistischer Analysen motivieren. Der Realität stellt er die Hoffnung entgegen.

Der große Theologe der Hoffnung, Jürgen Moltmann spricht in Schweitzers Todesjahr von der Antizipation des Reiches Gottes, während er gleichzeitig notiert, dass dieses Reich nicht durch uns verwirklicht wird....[115] Er rekapituliert: „Die Entdeckung des endzeitlichen Charakters der Botschaft Jesu war schon um 1900 durch Albert Schweitzer gemacht worden, doch gab es offenbar in der bürgerlich-christlichen Welt keine Kategorien für ein gegenwärtiges Verständnis des Christentums als einer Initiative der Hoffnung... Weil die Kirchen den messianischen Geist verloren, fügten sie sich kritiklos in die Gesellschaft ein... Wir können Jesus in seinem historischen Wirken und Leiden als den Antizipator dieser (i.e. befreienden) Zukunft Gottes verstehen.... Meine ganze theologische Arbeit gilt der

---

[113] Ebd. S.158

[114] Vgl etwa Ulrich Körtner, „Ehrfurcht vor dem Leben, zur Stellung der Ethik Albert Schweitzers in der ethischen Diskussion der Gegenwart." Hier wird Schweitzer von Körtner mit Hans Jonas verglichen und mit dem Begriff der Bioethik zusammengesehen. In: Berlis Angela, Steinke Hubert, Wagner Andreas, von Gunten Fritz, Albert Schweitzer: Facetten einer Jahrhundertgestalt, 2013 besonders S.101
Das wird just bei dem von Schweitzer ganz anschaulich gebrachten Beispiel des Schlafkrankheitserregers deutlich: Leben ist Leben, wie auch immer es aussieht.

[115] J. Moltmann, Theologie der Hoffnung, 1965, auch: Umkehr zur Zukunft, 1970 Gerne erinnere ich mich daran, wie ich ihn als Student vom Tübinger Theologicum zum Audimax begleitete – die Hörerschaft ging seinerzeit in die hunderte.- und mir die Wirklichkeit Gottes angesichts des Universums, wie es uns die Astronomen demonstrieren, unvorstellbar wurde und er, der in der Tradition der Barthschen dialektischen Theologie Stehende, mir zu meinem Erstaunen sagte: Stellen Sie sich doch einfach mal alles panentheistisch vor... Er sagte nicht, dass dies die Lösung sei, aber der Impuls brachte mich wirklich weiter.

Überwindung der falschen Alternative zwischen einem unwirklichen Gott und einer gottlosen Wirklichkeit, zwischen einem Glauben ohne Hoffnung und einer Hoffnung ohne Glauben...“[116] Moltmann resümiert letztlich, dass die Kunst der Hoffnung in der Beharrlichkeit liegt. Die ist, wie wir an seinem Lebenslauf ablesen, gerade im Wirken Albert Schweitzers durch die Jahrzehnte und in seinem Ringen um eine weltweit motivierende Ethik zu erkennen.

4 Entsprechungen: Jesus und Albert

Faszinierender als der durchaus interessante Vergleich von Albert Schweitzer mit Zeitgenossen ist der zwischen Schweitzer und Jesus. Natürlich betrachtete Schweitzer sich nie als einen Messias, auch wenn ihn Patienten biographisch so erlebten oder Menschen auf der Suche nach einem Sinn im Leben sich an ihm orientierten. Gerade Schweitzer hat jedoch herausgearbeitet, dass auch Jesus sich gegen eine Deklaration als Messias sperrte.

Schweitzer versuchte als sehr autonome Persönlichkeit, Jesus aufrichtig zu entsprechen. Albert Einstein sah Schweitzer in einer Bedeutungslinie für die Gegenwart mit Gandhi und erkannte die besondere Überzeugungskraft des Elsässers „in dem Beispiel, das er durch sein praktisches Lebenswerk gegeben hat.“[117]

Albert Schweitzers Nähe zu Jesus von Nazareth wird augenfällig durch den Vergleich von Anekdoten des Philanthropen mit neutestamentlichen Geschichten.[118]

---

[116] Umkehr, S.11

[117] Wickert a.a.O. S.112

[118] Wie intensiv und zeitgemäß sich Schweitzer mit Jesus auseinandersetzte, zeigt das Thema seiner medizinischen (sic!) Doktorarbeit: „Die psychiatrische Beurteilung Jesu“ (1913). Unmittelbar nach der Promotion reiste er am 21.März nach Afrika ab...

4.1 Anderssein

Schweitzer erzählte aus seiner Kindheit[119], wie er mit seinem älteren Spielkameraden Georg (Nitschhelm) rang und gewann. Georg ließ die Niederlage nicht auf sich sitzen, sondern warf Albert trotzig vor: „Wenn ich alle Woche zweimal Fleischbrühe zu essen bekäme wie du, da wäre ich auch so stark wie du!!!“[120] Das traf Albert zutiefst. Zuhause weigerte er sich dann, Fleischbrühe zu essen, denn er wollte nicht anders sein als die anderen.

Auch der „Gottessohn“ wollte nicht anders sein als „die Anderen“. Paulus zitiert dazu den „Philipperhymnus“ und in den Evangelien veranschaulicht dies etwa die Begegnung von Jesus und Zachäus. Jesus wird Gast bei dem Zöllner, dem Underdog, um nicht „etwas Besseres“ zu sein – zum Unwillen derer, die sich für etwas Besseres halten.

Für Schweitzer war es eine Qual, aus sozialen Gründen, als Pfarrerssohn, ein Außenseiter zu sein. Er wollte sich immer wieder gleichstellen.[121] Um nicht mit einem ortsunüblichen Mantel aufzufallen, weigerte er sich, diesen anzuziehen und bekam lange Zeit Schläge von seinem Vater dafür – erfolglos. „Im Hause selbst machte ich alle Konzession. Aber sowie es sich darum handelte, als Herrenbüble gekleidet mit dem Besuch auch spazieren zu gehen, war ich wieder der unausstehliche Kerl, der seinen Vater erzürnte, und der mutige Held, der Ohrfeigen hinnahm und sich in den Keller sperren ließ.“[122]

Seine Spielkameraden honorierten diesen Heldenmut gegenüber seinen Eltern keineswegs, sondern „nahmen alle meine Anstrengungen, in nichts anders zu sein als sie, gelassen hin... um mich dann, beim geringsten Zwist, mit dem furchtbaren Wort ‚Herrenbüble‘ zu verwunden.“ Bei

[119] Ich greife auch auf sehr bekannte und anscheinend abgenutzte Beispiele zurück, weil ihr Bekanntheitsgrad auch einen Indikator für die Wirksamkeit ihrer Aussagekraft darstellt.

[120] Kindheit und Jugend S.261

[121] Das wurde natürlich auch dadurch erschwert, weil er eine außergewöhnliche Persönlichkeit hatte, mit der er sich auch unter Seinesgleichen abhob.

[122] „Ich litt schwer darunter, gegen meine Eltern widerspenstig zu sein.“ Kindheit und Jugend S.263

kleinbürgerlichem Denken haben Persönlichkeiten selbst als Kinder kaum eine Chance. Die Unterdogs können ihre Ohnmacht dadurch kompensieren, dass sie „den da oben“ ausgrenzen. Immer wieder wird der niedrige soziale Rang waffenartig eingesetzt: Ein deutscher Schüler (in Deutschland geboren, mit deutschem Pass und türkischen Eltern) wird für Fehlverhalten bestraft und erklärt empört, das sei Ausländerfeindlichkeit gegen Türken[123]... Die Situierung als Underdog wird hier funktionalisiert. Der elsässische Pfarrersohn hatte keine Chance, sich nachhaltig ins Umfeld zu integrieren.

Schweitzer konnte schon sehr früh die Erfahrung machen, dass jemand, der in sozial problematischen Umständen lebt, dadurch nicht zwangsläufig tolerant wird. Mitunter suchen sich Opfer der Gesellschaft ihrerseits Opfer.

Der jüdische Dichter Erich Fried warnte einmal die Israelis davor, sie sollten nicht „als Verfolgte zu Verfolgern“ werden[124]. Dass ein Mensch zum Opfer wird, heißt noch nicht, dass er nicht auch das Zeug zum Täter hat; mancher mag gut bleiben mangels Möglichkeit zum Bösen...

Schweitzer wird als sozial höher Positionierter zum Opfer für die anderen Opfer des Systems. Er verfügt über genug moralische Substanz, trotzdem den Kontakt zu den Nachbarskindern zu suchen. Wer auf zeitgenössischen Fotografien sich die Gesichtszüge und Augen der anderen Kinder anschaut, kann betroffen sein, wie verloren diese teilweise bereits wirken. Hoffnung und Zuversicht signalisieren nur wenige.

Jesus begegnete offensiv dem Problem der Verachtung. Zachäus war Zöllner; Korruption war auch damals weitverbreitet, politisch akzeptiert, aber natürlich bei den Betroffenen negativ konnotiert. Zöllner gab es an jedem Stadttor. Sie bereicherten sich durch die Zwangslage der Menschen, die

---

[123] Wer sich auskennt, bekommt zu hören, dass dieselben Jugendlichen im Herkunftsland ihrer Eltern im Konfliktfall auch keine Chance auf Anerkennung, sondern dort eben „Deutsche“ sind.

[124] „Als ihr verfolgt wurdet
war ich einer von euch
Wie kann ich das bleiben
wenn ihr Verfolger seid?“
Fried, Höre Israel, S.57

darauf angewiesen waren, die Zollstelle zu passieren. Wer nicht mit ihnen profitierte, konnte sie nur verachten. So wurde auch Zachäus verachtet. Aber Jesus geht zu ihm ins Haus und isst mit ihm, d.h. er signalisiert Gemeinschaft, auch in den Augen Gottes. Das geht natürlich gar nicht! meinen die Arrivierten.

Aber Jesus kann sein Verhalten noch toppen: Als er eben bei einem arrivierten Mann zu Gast ist, dringt eine Hure zu Jesus vor und tut ihm Gutes (Lk7)[125]. Jesus äußert sich anerkennend über diese Frau und macht im Kontrast dazu sogar den als anständig einzuschätzenden Gastgeber schlecht – nicht, um ihn zu diskriminieren, sondern ihm seine Selbstsicherheit zu rauben; Jesus vertauscht die anscheinend objektiven gesellschaftlichen und moralischen Rollen, ganz in der Linie des Magnifikat[126]. Das war eine Vorgabe des Rabbi aus Nazareth für den Pfarrersohn aus dem Elsass..

Schweitzer erzählt eine analoge Geschichte aus seiner Heimat ausgerechnet von einem Juden. Erstaunlicherweise ist das Volk Jesu bei den Christen besonderen Anfeindungen und Verachtungen ausgesetzt. Auch hier könnte es so gelaufen sein, dass in der Anfangszeit die „christlichen" Gruppierungen unter den Juden scheel angeschaut wurden, tendenzmäßig die Judenchristen „Opfer" waren. Als die Christen in Machtpositionen kamen, wandte sich das Blatt und sie konnten nun die neue Überlegenheit ausspielen. „Wir zeigen euch schon, dass wir die Besseren sind!" konnten manche rachsüchtig höhnen und durch ihre Worte und Taten belegen, dass sie keinesfalls besser waren. Wer sein Bessersein durch üble Taten demonstriert, demontiert sich selbst.

Günsbach, das fromme Dörflein im Mittelgebirge, war in seiner Bigotterie nicht besser als andere. Der „Jud Mausche", ein Lumpensammler wurde von

---

[125] Dan Brown identifiziert sie in seinem Roman „Sakrileg" mit Maria Magdalena und schließlich als Jesu Frau, die ihm ein Kind gebiert. (Original: The Da-Vinci-Code)

[126] Das EvLk mit seinem Sondergut spielt für Schweitzers Ethik eine grundlegende Rolle.

der Dorfjugend[127] verhöhnt, belästigt, beleidigt. Wenn das bei Kindern und Jugendlichen passiert, ist es extrem schwierig, aus dem Gruppenphänomen auszusteigen. Mausche, der „Jud“ reagierte für Albert irritierend: Als er mit dem Zipfel eines Taschentuchs, das die Jungen „Schweinsohr“ nannten, verhöhnt wurde, wandte er sich den spottenden Kindern zu, lächelte und winkte freundlich. Albert bewegte dies zutiefst; er spürte hier eine menschliche Größe bei einem verachteten Glaubensgenossen Jesu. „Von Mausche habe ich zum ersten Male gelernt, was es heißt, in Verfolgung stilleschweigen.“[128] Dass die Dorfjugend durchaus wusste, wie man Juden verletzt, indem man auf Schweine anspielt, wirft zugleich ein Licht auf die dortigen Erwachsenen.

Auch in dieser Geschichte gibt es wie bei Jesus einen Tausch der Rollen, wo der Unscheinbare Größe gewinnt und die Überlegenen klein[129] ausschauen. Die Gnadenlosigkeit der majorisierenden Unterprivilegierten wird wieder deutlich; man kann hier auch mit den „Tätern“ in ihrer Perspektivlosigkeit Mitleid empfinden.

4.2 Gottes Geschöpfe

Schweitzer entschied sich, den Erfolg nicht zum Maßstab des Lebens zu machen. Damit grenzte er sich von den Wertvorstellungen seiner Umwelt, ja, seiner engsten Freunde ab. Eigentlich wollte er sich integrieren, doch ein Schlüsselerlebnis veränderte ihn. Er schätzte sich auf sieben oder acht Jahre, als sein Freund Heinrich Bräsch mit ihm auf Vogeljagd ging – gegen Schweitzers inneren Widerstand[130]; getrieben durch das Bedürfnis, dazuzugehören. Als die Jungen gerade mit ihren Schleudern anlegten, erklangen im Tal die Kirchenglocken und erinnerten ihn: „Du sollst nicht

---

[127] Das waren dieselben Kinder, die schon den Spielkameraden Albert auflaufen ließen.

[128] Kindheit und Jugend 260f.

[129] „Klein“-Bürger waren diese Bauernsöhne.

[130] „Dieser Vorschlag war mir schrecklich, aber ich wagte nicht zu widersprechen, aus Angst, er könne mich auslachen.“ Kindheit S.275

töten!"; er sprang auf, verjagte die Vögel und zugleich natürlich auch den beleidigten Freund.[131] Aber: „Von jenem Tag an habe ich gewagt, mich von der Menschenfurcht zu befreien."[132]

Eine entsprechende Geschichte aus dem Leben seines Herrn erzählt von der Weigerung Jesu, eine ungastliche Stadt der Samariter mit Feuer aus dem Himmel zu verbrennen. Ebenso spielt die Weigerung Jesu, den Messiaserwartungen seiner Anhänger zu entsprechen, ihre Rolle für den Charakter des „Neuen", des Unangepassten beim NT.

Die Geschichte Schweitzers bebildert seine Beziehung zur Schöpfung. Für Jesus war dies kein Problem; dem Juden aus Nazareth war durch das Schächten die Ehrfurcht vor dem Geschenk des Lebens ohnedies geläufig[133]; zugleich bedeutet das Geschenk des Lebens die engste Verbindung zwischen Schöpfer und Geschöpfen, was gerade auch in der Bergpredigt seinen Niederschlag findet: Die Tiere werden durch den himmlischen Vater und nicht durch Erwerbstätigkeit am Leben gehalten; und später verweist er darauf, dass kein Spatz ohne den Willen des Vaters vom Himmel fällt, obwohl er ansonsten den Launen der Menschen ausgeliefert ist.

Dem entspricht Schweitzers Grundhaltung, die er schon in der Kindheit spürte: Als Junge hörte er lautes Fluchen, dann sah er ein alterschwaches Pferd, von einem Mann gezogen. Sein gut informierter Kamerad klärte ihn auf: „Das kommt nach Kolmar und wird geschlachtet". Diese Perspektive ging Albert nach. Abends fügte Schweitzer seinem Nachtgebet noch die Worte hinzu: „Lieber Gott. Schütze und segne alles, was Odem hat, bewahre es vor allem Übel und laß es ruhig schlafen!"[134] Diesen Gebetsteil behielt er bei.[135]

---

[131] Diese rührende Geschichte könnte auch erfunden sein; wir haben jedoch eine recht authentische Version aus Schweitzers Mund, auf Zelluloid gebannt in einem Kinofilm.

[132] Kindheit S.276

[133] Nur JHWH kann Leben geben. Also dürfen wir Menschen es nicht nehmen. Tun wir es trotzdem, müssen wir zeigen, dass wir in unseren eigentlichen Verfügungsbereich überschreiten. Symbolisch wird daher das Blut als der mythische Träger des Lebens (Lev.17,11.14) der Erde als dem Ursprungsort des Lebens zurückgegeben, so kommt das „Dam" (Blut) zur „Adama" (Erde) zurück.

[134] Kindheit und Jugend, S. 275

Gerade bei solchen Geschichten fragt sich der historisch-kritisch ausgebildete Theologe, ob sie sich wirklich ereignet haben. Aber das ist zweitrangig; denn selbst wenn sie keine historische Begebenheit schildern, illustrieren sie doch einprägsam eine ethische Einstellung, die zum entsprechenden Verhalten führte.

4.3 Was ist wirklich etwas wert?

Jesus relativiert durchgehend gesellschaftlich anerkannte Werte. Das mag bei Prostituierten dadurch akzeptabel sein, weil er die Frau, aber nicht die Hurerei anerkennt. Mehr Ablehnung riskiert Jesus, wenn er materielle Güter infrage stellt. Mit der Prostituierten habe ich nichts zu tun, aber mein Geld und mein Besitz gehört zu mir; seine Infragestellung stellt auch mich in Frage (und greift meine Lebensqualität wie auch meinen Status an). Der Prunk besitzloser Päpste macht dies sogar als Doppelmoral fragwürdig. Die Begegnung Jesu mit dem „reichen Jüngling" ist das plastische Beispiel für seine „Gegen-Wirklichkeit". Entsprechende Passagen der Bergpredigt lassen sich noch metaphorisch interpretieren, aber die Aussagen zum reichen jungen Mann (Lukas 18) sind eindeutig, die Geschichte vom reichen Kornbauern (Lukas 12) verschärft dies noch.

Albert Schweitzer pflegte ein Erlebnis mit seinem Vater zu erzählen, das ihn zur Nachahmung führte: Mutter Schweitzer mahnte Vater Schweitzer: „Du brauchst mal wieder einen neuen Hut." Ludwig war dies lästig: „Das hat doch noch Zeit." Dann geht Papa Pfarrer mit seinem Zehnjährigen zu Besuchen. Sie kommen in die Familie eines Arbeiters, der seit Wochen krank und daher ohne Einkommen ist.[136] Der Vater unterhält sich, versucht zu trösten und zu ermutigen, und als er geht, gibt er der Frau noch eine Wurst, die er

---

[135] Seine Ehrfurcht vor dem Leben implizierte für ihn nicht, vegetarisch zu leben. Er wusste ja, dass auch in der Tierwelt Tiere als Nahrung gelten. Er wandte sich offensiv gegen unnötiges Blutvergießen und Quälen.

[136] Es gab eben noch keine Lohnfortzahlung im Krankheitsfall.

eingesteckt hat und ein Geldstück. Auf dem Heimweg erklärt er dem Sohn: „Siehst, Albert, das war mein neuer Hut." Kein Wunder, dass der Professor, Starorganist, weltberühmte Arzt und Friedensnobelpreisträger an seinem abgeschabten Hut zu erkennen blieb, den zu erneuern er stets verschob. Der Spiegel schrieb 1960 über ihn: „...er besitzt mehr Ehrendoktorhüte als zivile Kopfbedeckungen"

Jesus ging es nicht um Armut, sondern um das innere Verhältnis zu Besitz. Nicht der Geiz führt zum Festhalten Schweitzers am alten Hut, sondern die bessere Verwendung des Geldes für Bedürftige. Schweitzer war hinsichtlich der Finanzen durchaus realistisch und vorausschauend; der reiche Kornbauer schreckte ihn nicht davon ab, ein Projekt zu planen und dafür beträchtliche Summen zu sammeln.

In seiner Person spielen Realist, Idealist und Pragmatiker zusammen. Er greift die sog. Realisten unter den Erwachsenen an, die über den Idealismus der Jugendlichen lächeln und dabei Realismus und Resignation verwechseln: „Daß die Ideale, wenn sie sich mit der Wirklichkeit auseinandersetzen, gewöhnlich von den Tatsachen erdrückt werden, bedeutet nicht daß sie von vornherein vor den Tatsachen zu kapitulieren haben, sondern nur, daß unsere Ideale nicht stark genug sind.." Was aber brauchen die Ideale zur Stärke? Die Reife eines Menschen, an der wir arbeiten müssen: „immer schlichter, immer wahrhaftiger, immer lauterer, immer friedfertiger, immer sanftmütiger, immer gütiger, immer mitleidiger zu werden."[137] Das klingt sehr nach Bergpredigt, und so „härtet sich das weiche Eisen des Jugendidealismus zum Stahl des unverlierbaren Lebensidealismus."[138]

Seine physische Kondition nahm er als „Talent" im Sinne von Mt.25 wahr, und als ein unerwartetes Geschenk: Als Ludwig Schweitzer frisch nach Günsbach umgezogen war, nahmen seine dortigen Pfarrkindern auch die Familie kritisch in Augenschein; so hörte der Ludwig, wie eine Frau zu ihrer Nachbarin nach einem Blick ins Kinderbettchen flüsterte: „Ich glaub, der Bub ist der erste, den der neue Herr Pfarrer beerdigen wird!" Alberts Kommentar später lautete lakonisch: „Der Herrgott hat es eben anders gewollt." In dem „anders" sah er seine Lebensaufgabe.[139] Und „anders" bedeutet in diesem Falle immerhin 90 Jahre. Ein beachtlicher Lebenswillen Gottes.

Nach (!) dem Erscheinen seiner „Geschichte der Leben-Jesu-Forschung" (1906)[140] kommentierte er seinen Kontakt zum herz- und damit todkranken (1907) William Wrede: „Daß ich, ohne auf meine Gesundheit Rücksicht nehmen zu brauchen, rastlos arbeiten durfte, während er im besten Mannesalter das Wirken aufgeben mußte, drückte mich nieder."[141] Schweitzer zeigte sich dankbar für alles, war er an geistiger und physischer Kraft mitbekommen hatte.

4.4 Vom Provinzler zum Weltbürger

Der große Philanthrop benennt kein datierbares „Bekehrungserlebnis", aber er beschreibt seine seelische Entwicklung wie ein permanentes

---

[137] Kindheit, S. 311

[138] ebd. Schweitzer hat Recht. Die entgegengesetzte Position ist eine Niederlage. Wer sich grundsätzlich vom Idealismus seiner Jugend verabschiedet, verliert seine Substanz und ist nicht wirklich erwachsen. Hier ist biographische Dialektik (Synthese) angesagt.

[139] Dazu führte er das Wort Jesu an: „Wer sein Leben will behalten, der wird es verlieren, und wer sein Leben verliert um meinte und des Evangeliums willen, der wird es behalten." Als er dieses Wort für sich selbst verstand, konnte er sagen: „Zu dem äußeren Glücke besaß ich nun das innerliche." Leben und Denken, S.66

[140] Damals noch als „Von Reimarus zu Wrede"

[141] Leben und Denken S.41

Bekehrungserlebnis; die Frage, was ihn zu seinem Lebenswerk in Lambarene bewegte, kann er wie oben beschrieben präzise beantworten: „Der Gedanke, daß ich eine so einzigartig glückliche Jugend erleben durfte, beschäftigte mich fort und fort.... Immer deutlicher trat die Frage vor mich, ob ich dieses Glück denn als etwas Selbstverständliches hinnehmen dürfe.“[142] „Nein“, das Glück ist nicht selbstverständlich, sondern ein Geschenk. Zugleich realisierte er das Unglück, das ihm immer wieder vor Augen trag und war ergriffen „von dem Weh, das um uns herum in der Welt herrscht.“[143] Denken wir nur an den alten Gaul, das isolierte Herrenbüble und den folgenden „Neger von Colmar“.

Die Globalisierung war zu Schweitzers Zeit der Kolonialismus. Er begegnete Afrika nach zum ersten und wiederholten Mal in Kolmar, wo er an einem Denkmal des 70/71er- Krieges einen Neger sah.[144] „Dieser Neger beschäftige mich sehr... Sein Antlitz sprach mir von dem Elend des dunklen Erdteils.“[145] Alberts Perspektive wird weiter.

Jesus seinerseits kam rein geographisch an die Grenze seiner Provinz. Dies ist zugleich biographisch der Wendepunkt, der ihn dann nach Jerusalem führen sollte. Dort, im aus jüdischer Sicht heidnischen Gebiet drängt sich im eine syrophönizische Frau auf, die seine heilende Wirksamkeit auch für sich erhoffte (Markus 7). Jesus lehnte sie ab, sie blieb beharrlich und demütig; dadurch überwand sie die religiöse Schranke. Durch diese Begegnung

[142] Kindheit 299
[143] ebd.
[144] Bartholdi hatte Admiral Bruat auf dem Marsfeld in Colmar verewigt; im Übrigen schuf er auch die Freiheitsgöttin von New York. Kindheit S.288
[145] Kindheit S.289

öffnete sich Jesus für alle Völker.

Nazareth und Günsbach sind beide tiefste Provinz im Mittelgebirge. Von zwei Provinzlern ging ab ihrem 30 Lebensjahr eine weltweite Wirkung aus.

4.5 Perspektivwechsel

Jesus und Albert agieren als Meinungsführer. Sie lassen sich selbst von einer Idee oder einem Ideal leiten, sind aber stets den andern ein Stück weit voraus und reißen viele Menschen in ihrer Umwelt mit. Beiden ist etwas zu Eigen, über das nicht jeder verfügt: Sie können ihre Perspektive wechseln, müssen eine andere Sicht der Dinge nicht einfach abschmettern, sondern können sich durch sie bewegen lassen

Bei der „Leben-Jesu-Forschung" erlebt der Leser, dass Schweitzer durchwegs versucht, die Forscher mit ihren besonderen Interessen zu verstehen. Er wertet sie nicht ab, sondern benennt dialektisch ihre berechtigten Fragen und den Gewinn ihrer Arbeit[146]. So schreibt er über David Friedrich Strauß[147]: „Man muß Strauß lieben, um ihn zu verstehen."[148] Dieser Emotionalität entspricht der „wissenschaftliche Eros". Er setzt sich nicht nur rational mit den Werken seiner Vorgänger auseinander, sondern wie in einem unkörperlichen Gespräch. Er zitiert eine sarkastisch formulierte Analyse von D.F.Strauß[149] verbunden mit dem wohlwollenden Kommentar des von Karl Hase: „Für einen Autor gehört viel Resignation dazu, einen

---

[146] Idealist auch im philosophischen Sinne war er und sein Vorgehen passte zu Hegels (und Platons) Vorgehensweise: in der These steckte eine Position im positiven Sinne, der zwar eine Anti-these entgegengestellt wird, aber diese korrigiert und ergänzt sie, ohne sie zu entwerten.

[147] Den andere völlig zerrissen und diffamierten.

[148] Leben Jesu Forschung S.137

[149] Es geht um den Esel beim Einzug in Jerusalem, der noch niemanden getragen hatte: „Man begreift hier nicht, wie sich Jesus das Vorwärtskommen durch die Wahl eines noch nicht zugerittenen Tieres absichtlich erschweren mochte, welches, wenn er es nicht durch göttliche Allmacht in Ordnung hielt (denn bei dem ersten Ritt auf einem solchen Tier reicht auch die größte menschliche Reitkunst bei weitem nicht aus), gewiß manche Störung des festlichen Zuges herbeigeführt haben wird, zumal ihm kein Vorgehen des Muttertieres zustatten kam, welches nur im Kopfe des ersten Evangelisten mitgelaufen ist." S.150 Ich zitiere hier Strauß sehr gern, damit er wenigstens noch nach 180 Jahren erleben kann, dass er Epoche gemacht hat – wenngleich nicht wenige Christen eine Denkpraxis haben, die hinter 1815 zurückgeht. – zum Thema Allmacht vgl. Schoßwald, Allmacht, 2015

guten Einfall zurückzuhalten, der für ihn kämpft.“[150] Auch bei der intellektuellen Auseinandersetzung gilt für Schweitzer das Liebesgebot.

Den kulturellen Kontrast von Europa zu Schwarzafrika erhellte er durch Anekdoten: Ein Patient zeigte sich nach der Operation– mittels Bananen – erkenntlich „für den teuren Faden“. Als der Doktor bemerkte, er freue sich, dass die Operation so gelungen sei, blickte ihn der Kurierte erwartungsvoll an: „Was schenkst du mir, dass ich dir diese Freude gemacht habe?“

Plastisch zeigt sich der „Perspektivwechsel“, als er abends bei der Visite einen Kranken jammernd auf dem Boden entdeckt (Lufttemperatur Mitte 20°). Daneben auf dem Bett liegt sein gesunder Begleiter. Schweitzer empört sich, doch der Gesunde korrigiert ihn: „Oganga, dem dort ist gleich, wo er liegt, es tut ihm weh; aber ich muss bei Kräften bleiben, dass ich ihn pflegen kann.“ Darin steckt eine überlegenswerte Wahrheit.

Diese Anekdote enthält eine gewisse dramaturgische Nähe zur bereits erwähnten Begegnung Jesu mit der kanaanäischen Frau. Richtig beleidigend stößt er die Frau ab, die ihn um die Heilung ihrer Tochter bittet: nur die Kinder, also die Juden, nicht die Hunde, also die Heiden bekämen das Essen, also die Heilung. Die Frau nötigt Jesus die Perspektive des Hundes auf. Der Blick von unten aus verändert die Einstellung Jesu.

4.6 Das Reich Gottes

In seiner „Leben-Jesu“-Forschung arbeitete Schweitzer die eschatologische und damit universale Komponente der Botschaft Jesu heraus. Die apokalyptische Hoffnung führt Jesus weg von der Resignation und „ermöglicht ihm, reine Menschlichkeit ohne Rücksicht auf die faktischen Strukturen sozialer, politischer, ja kosmischer Art darzustellen.“[151] Ulrich Neuenschwander beschrieb es so, dass das Verhältnis von Schweitzer zu

---

[150] ebd. S.150
[151] Neuenschwander S.58

Jesus ein Verhältnis von Wille zu Wille sei.[152]

Jesus eröffnet sein Wirken mit den Worten „Das Reich Gottes ist nahe.". Schweitzer propagiert die ethische Weltformel als „Ehrfurcht vor dem Leben". Beide Sentenzen verbindet Gott als der Inbegriff des Lebens. In Jesu Person reicht das Reich Gottes auch physisch zu denen, die Jesus begegnen. Mystisch ist dieser Herrschaftsbereich Gottes allen Menschen nahe, da Jahwe durch die Gabe der Lebendigkeit in jedem Menschen präsent ist. Diese Präsenz im anderen zu erkennen, nachdem man sie in sich selbst gespürt hat, trägt Schweitzer allen Menschen auf. Dabei verzichtet er gezielt darauf, von Gott zu reden, um unnötige Abwehrreaktionen zu vermeiden. Aus demselben Grund wollte er als Arzt statt als Missionar arbeiten. Schweitzer entkleidet Jesu Anspruch und Verkündigung von der Uniform des Judentums wie auch des Christentums, um Barrieren gar nicht erst entstehen zu lassen. Wenn sich nun – ohne Herrschafts- oder gar Hegemonieanspruch einer Religion – Menschen dem ethischen Appell widersetzen, dann offenbart dies kulturunabhängig Bosheit des Herzens.

Pädagogisch stehen sich Lehrer und Schüler nahe: Das Wort Jesu „Lasset die Kinder zu mir kommen..." sagt weniger über die Kinder als über die Erwachsenen aus: Der Glaube als Akt des Vertrauens findet auf einer Ebene statt, die altersunabhängig ist, auf der Beziehungsebene. Passend bringt Schweitzer hier eine biografische Einsicht ein. Als Kind hatte er regelmäßig und auf die Dauer gesehen auch gerne den Gottesdiensten beigewohnt und folgerte daraus: „Darum vermag ich der Meinung derer nicht beizutreten, die die Jugend am Gottesdienst der Erwachsenen nicht teilnehmen lassen wollen, ehe sie etwas davon versteht. Es kommt gar nicht auf ein Verstehen an, sondern auf das Erleben des Feierlichen. Dass das Kind die Erwachsenen andächtig sieht und von ihrer Andacht mit ergriffen wird: dies ist es, was für es bedeutungsvoll ist."[153] In unserer Zeit können wir dies auch

---

[152] Neuenschwander S.57
[153] Kindheit S.288

noch erweitern: Wer glaubt, den Kindern etwas Gutes zu tun, wenn er ihnen nur „kindgerechte“ Religiosität beschert, enthält ihnen wichtige Erfahrungen vor. Freilich setzt Schweitzer voraus, dass die Erwachsenen selbst ergriffen sind, die Veranstaltung als solche ist noch nicht das Numinose an sich.

Diese Skizzen aus dem Leben Albert Schweitzers ergeben ähnlich wie ein Evangelium nicht eine lückenlose Biographie, sondern versuchen, das Wesen dieses Mannes durch Geschichten zu treffen. Parallel dazu ergab sich zwangsläufig ein „Jesus-Bild“. Für das Verständnis des Neuen Testamentes kann diese Parallelisierung ertragreich sein; denn von Albert Schweitzer haben wir authentische Zeugnisse, die die Ikone infrage stellen. Gerade die Filmaufnahmen offenbaren Eigentümlichkeiten, die einer Hagiographie nicht zu entnehmen wären. Das fehlt uns bei Jesus und kann uns gerade einem Gemälde des historischen Jesus gegenüber so kritisch machen, wie es Schweitzer in seinem berühmten Werk über die Geschichte der Leben-Jesu-Forschung war. Und wenn sich jemand wirklich bemüßigt fühlte, Schweitzers Werk und seine Persönlichkeit grundlegend in Frage zu stellen, dann fordere ich ihn ganz banal auf: „Mach es besser!“ Denn ich finde, diese Geschichte zeigt, Schweitzer hat es gut gemacht. Saugut!

5 Anhang: Rundfunkandachten zu Albert Schweitzer

Das Thema griff ich auch in verschiedenen Andachten für den Rundfunk auf, die ich der Plastizität wegen hier anhänge. [154]

5.1 Kirchenglocken

Albert Schweitzer: Der Arzt, Pfarrer und Menschenfreund war eine der Ikonen der letzten hundert Jahre. Sein Wirken und Denken möchte ich in dieser Woche in den Vordergrund stellen.

Wer ein Bild des berühmten Mannes sieht, findet einen Mann mit einem imposanten Schnurbart vor. Aber wenn ich an das denke, was mich an jenem Mann bewegt, stellt sich bei mir erst einmal das Bild eines halbwüchsigen Jungen in einer kurzen Hose ein. Der Junge ist mit einem Freund unterwegs. Im Elsass, bei dem kleinen Dorf Günsbach, in dem sie wohnen, machen sie die Weinberge unsicher. Und heute hat der Freund etwas Spannendes vor. Was wird es wohl sein? Als sie schon ziemlich weit oben sind und das Dorf in aller Ruhe unten liegen sehen, zeigt der Freund: „Ich habe zwei Steinschleudern mit. Heute gehen wir auf Vogeljagd."

Auf Vogeljagd? Das klingt spannend!

Mit der Steinschleuder auf Spatzen schießen. Dazu gehört viel Geschicklichkeit, denn Spatzen reagieren schnell. Und wenn sie weg sind, kriegst du sie auch nicht mehr so schnell her. Andererseits:

Ein Spatz ist ein lebendiges Wesen. Kannst du den so einfach abschießen?

Albert hatte kein gutes Gefühl bei der Sache. Aber er wollte sich schließlich nicht blamieren.

Feigling? Nein, so lasse ich mich nicht nennen!

---

[154] Die (fettgedruckten) Passagen, die der Junge spricht, wurden von meinem Sohn Martin übernommen, um die Kinderstimme erfahrbar zu machen.

Sie legten sich also auf die Lauer. Auf den Apfelbäumen ihnen gegenüber ließen sich Vögel nieder. Nun hieß es, gut zielen, eine ruhige Hand und ein ruhiges Auge haben und gut berechnen können, denn so ein Stein, der fliegt in einem Bogen. Die Schleuder ist gespannt, die Jungen sind es ebenfalls, da...

In diesem Augenblick hören sie etwas aus dem Tal: Sie hören – die Glocken der Kirche. Die Glocken! Und aus dem Herz des Jungen ruft es: „Du sollst nicht töten!“ Das rufen die Glocken und sein Herz. Und Albert – ohne sich lange zu besinnen – springt aus der Deckung auf

Fort! Fort! Fort!

und verjagt die Spatzen. „Was machst du da? Du Feigling!“ *Seinen Freund verjagte er leider dabei auch.*

Und? Die Glocken der Kirche wurden zum Klopfen des Herzens und sprachen die richtige Sprache. Denn, um ehrlich zu sein: Ein Feigling, das war er gerade nicht, wenn er keine Spatzen jagte. Er wäre ein Feigling gewesen, wenn er nicht auf die Stimme der Glocken und seines Herzens gehört hätte, weil er Angst hatte, vor dem Kameraden als Feigling da zu stehen.

Der Junge erhielt dafür natürlich kein besonderes Lob, aber etliche Jahrzehnte später für etwas ganz anderes den Friedensnobelpreis. Albert Schweitzer hieß er. Albert Schweitzer, einer, der auf das Klopfen seines Herzens hörte. Albert Schweitzer, einer, der Jesus herein ließ. Jesus läutet an?. Lass ihn herein!

5.2 Fleischbrühe und Pfarrerssöhnchen

In dieser Woche lenke ich unsere Aufmerksamkeit auf den Menschenfreund Albert Schweitzer. Pfarrerssohn, selbst Pfarrer und Arzt und später noch Träger des Friedens-Nobelpreises 1952, da wissen wir schon: Das ist ein friedliebender, gewaltfreier Mensch. Was für ein braves Kind wird er wohl gewesen sein! Denkste, er zog mit seinen Kameraden durch die Gegend und machte sie unsicher. Und Jungs raufen nun einmal gerne. Selbstverständlich auch der junge Herr Schweitzer. Man stelle sich nur einen acht- oder zehnjährigen Jungen vor, der beweisen soll, dass er ein Kerl ist! Pfarrersöhnchen!! Lästert ein Schulkamerad. „**Dir werde ich's zeigen**!“ wehrt sich der Angegriffene zunächst mit Worten. Aber es kommt, wie es unter Jungs kommen muss: die beiden fangen an zu raufen, umgeben von der Schar Gleichaltriger, die sie dabei noch anfeuern. Vielleicht standen auf sichere Entfernung noch ein paar kichernde Mädchen herum. Auf alle Fälle: Am Ende kniet Albert auf den Oberarmen seines Gegners und wirkte zufrieden: „**Ich bin der Stärkere**!“ Wahrscheinlich blickte er sich beifallheischend um. Und die meisten werden genickt haben: „Du hast gewonnen!“ Aber der Verlierer – er war aus der Klasse über ihm – zischte ihn nur an: „Pfarrersöhnchen! Wenn ich auch jeden Tag Fleischbrühe bekäme wie du, dann sähe es anders aus! Dann wäre ich auch stärker!“

„Wenn ich auch jeden Tag Fleischbrühe bekäme...“ mit diesen Worten hatte ihn sein Gegner doch noch geschlagen. Denn sie ließen den jungen Albert nicht mehr los. Er hatte sich als Gleicher unter Gleichen gefühlt, und nun zeigten sie ihm einen Unterschied, gegen den er machtlos war. Er empfand die Ungerechtigkeit: womit haben die anderen es verdient, dass es ihnen schlechter geht als mir? Nein, er fragte weniger danach, womit er es verdient hätte, dass es ihm besser geht, sondern er dachte zunächst an die anderen: warum konnten die es nicht auch so gut haben.

Seine Mutter war über sein weiteres Verhalten erstaunt. „Junge, iß doch!“ ermahnte sie ihn. Sie wusste ja nicht, was geschehen war, aber er brachte keine Fleischbrühe über seine Lippen, denn sie waren ihm ein Signal der Ungerechtigkeit.

Mich hat diese Geschichte sehr berührt. Und ich muss an sie immer wieder denken, wenn ich Bilder aus der weiten Welt sehe, wie Menschen andernorts zu leben verdammt sind. Gibt es einen Grund dafür, dass es ihnen schlechter geht als mir? Keinen, der mir einleuchtet.

5.3 Karriere und Ideal

Was für eine Karriere! Da hatte ein fleißiger Mann – übrigens einst ein verträumter Schüler -, studiert, Theologie, erfolgreich, machte sogar seinen Doktortitel und war bald Professor an der Universität. Gleichzeitig lernte er bei einem Meister der Orgelmusik und wurde selbst so gut, dass er in ganz Europa vielbesuchte Konzerte geben konnte; als ob das nicht genug wäre, schrieb er noch ein grundlegendes Buch über den größten Orgelkomponisten, nämlich Johann Sebastian Bach. Freilich reichte es noch nicht aus: er kannte inzwischen viele dieser königlichen Instrumenten, beschäftigte sich mit Orgelbau und verfasste auch hierüber grundlegende Schriften.

Aber, schon als sehr junger Mann, ja, als Kind sogar, machte er sich eigenartige Gedanken. Er wuchs in einem Dorf auf, wo sein Vater „etwas Besseres" war und der Junge fragte sich: „Warum geht es mir besser als anderen? Warum kann es nicht den anderen genauso gut gehen?" Und als junger Mann stellte er sich die Frage immer noch: „Womit habe ich verdient, dass ich einen so erfolgreichen Weg gehen kann?" Er gab sich die Antwort: „Durch nichts habe ich es mir verdient. Bei allem, was ich wirklich geleistet habe – und das war viel -, hatte ich unverdiente Vorgaben. Habe ich sie nicht letztlich von Gott?" Und er fasste einen eigenartigen Beschluss: „Bis zum meinem dreißigsten Lebensjahr feiere ich meine Erfolge und genieße sie, und ab dann stelle ich mein Leben in den Dienst derjenigen, die es brauchen."

Wer braucht mich? Am schlimmsten ist es doch, wenn man Schmerzen hat. Also: ich werde Arzt , um Menschen in dieser Bedrängnis effektiv helfen zu können. Genauer: Bis ich dreißig Jahre alt bin, genieße ich meine Erfolge, dann stelle ich mein Leben in den Dienst der Menschen.

Sein Umfeld fand das äußerst nobel. Ein Arzt, der hat ja auch eine entsprechende Reputation. Wie irritiert aber waren seine Freunde, seine Verwandten, als er nach dem erfolgreichen Abschluss seines Medizinstudiums nun nicht etwa ein Prominentenarzt wurde, sondern... aus Europa weggehen wollte, nach Afrika, an den Äquator, wo er ein Spital für die Ärmsten der Armen, für die Verlassensten der Verlassenen, die unter Schlafkrankheit, Lepra und ungezählten Infektionskrankheiten leidenden Afrikaner gründen wollte.

Als er einem Medizinprofessor an der Uni, an der er selbst auch als Professor dozierte, eröffnete, er wolle nun dieses Studium beginnen, hätte der ihn am liebsten – wortwörtlich – „in die Psychiatrie" gesteckt. Aber Schweitzer sagte ganz klar: Meine Gaben gebe ich den Ärmsten. Und wenn ihr hier in Europa das gar nicht merkt, aber die kranken Menschen in Afrika gesund werden, dann ist es genau das Richtige. Ich will kein Held sein, sondern ganz demütig dienen.

Und damit haben wir wieder einmal ein Fremdwort gelernt: Demut. Bis zum nächsten Sonntag müssen es alle gelernt haben. Ich frage ab!

5.4 Weinendes Kind

Schweitzer war ein hervorragender Organist. Er verstand etwas von dem Instrument, das man auch Königin der Instrumente nannte, ebenso wie von der Musik, namentlich von Bach. Große Konzertreisen führten ihn durch Europa und er hatte ein begeistertes Publikum. Seine Fans ließen es sich nicht nehmen, ihm sogar für Afrika ein Instrument mitzugeben, dessen Transport wir uns als äußert gefährlich und schwierig vorstellen können. Als er sich im Jahre 1913 nach Zentralafrika aufmachte, gab es als Transportmittel nur Schiffe, die die Küste von Frankreich bis zum Äquator entlang schipperten. Keyboards gab es noch nicht. – Aber letztendlich kam sein Instrument doch im Urwald an.

Der Tropenarzt genoss es, abends, nach einem erfüllten Tag, sich an die Tasten zu setzen, einzelnen Tönen nachzuhorchen und die Musik von Bach auszuloten. Aber eben dieser Vollblutmusiker erzählte eine ganz bewegende Geschichte:

Eines Abends saß er noch an seinem Schreibtisch, als er aus dem Zimmer einer Pflegerin ein klagendes Geräusch vernahm. Er schaute nach und entdeckte bei ihr ein weinendes Kleinkind. Er wusste: es ist ein Waisenkind, denn diese Pflegerin nimmt sich in besonderer Weise elternloser Kinder an. Das Kind, das Schweitzer gehört hatte, weinte nun aber nicht aus Einsamkeit, sondern vor Schmerzen. Wenn Kinder weinen! Das kann einem das Herz brechen. Dr. Schweitzer verzichtete auf seinen wohlverdienten Feierabend und kümmerte sich nochmals um das Kind. Aber er war Arzt und wusste wohl, dass er nicht der liebe Gott ist. Vielleicht erwarten Patienten, dass Ärzte alles in den Griff bekommen, aber wer als Arzt arbeitet, erlebt sehr schnell, wie er an seine Grenzen stößt. Kaum ein Arzt sieht in sich etwas gottähnliches, aber viele haben immer wieder das Bedürfnis: „Ach, könnte ich nur das Leid beenden." So versuchte auch der Urwalddoktor bei dem kleinen Patienten sein Bestes, konnte aber nur begrenzt Linderung verschaffen.

Doch dank dieses Abends hatte er nun immer einen besonderen Blick auf das Kind.

Eines Abends saß er noch an seinem Schreibtisch, als er aus dem Zimmer... dieser Pflegerin erneut die Stimme des Kindes hörte. Er horchte genauer, der Botschaft des Klangs lauschend: Die Stimme klang verändert, und dem Klang der Stimme konnte er entnehmen: Die Krise ist überwunden, der kleine Mensch wird genesen. Ja, sagte der Arzt in der Wildnis: „Ich liebe Musik, ich verstehe etwas von Musik, aber der schönste Wohlklang, den ich je gehört habe, war der veränderte Tonfall jenes Kindes, durch den ich merkte: Es geht bergauf."

Ja, dieser Wohlklang... Für den, der ihn richtig hört, ist es ein himmlischer Klang, und seine Ohren werden himmlische Ohren. Hören wir, wo unsere Hilfe not tut, und hören wir, wo sich die Not gewendet hat.

5.5 Lambarene statt Straßburg

Albert Schweitzer ergriff einen angesehenen Beruf: Er wurde Arzt. Er wollte leidenden Menschen helfen. Sehr nobel. Ja, und er wollte gerade denen helfen, denen es besonders schlecht ging, den Kranken im abgelegenen Urwald von Afrika.

Wahnsinn! Sagten die Freunde: Warum in Afrika? Gibt es nicht genug Elend in Europa? – eine berechtigte Frage, auf die Albert Schweitzer jedoch eine Antwort wusste: Ich gehe dorthin, weil die Arbeit in Afrika die schwierigere ist. Gute Ärzte, die finden sich hier zahlreich, aber dort? Dort wagt sich niemand hin außer den Geldverdienern, Abenteurern und Karrieremachern. – Und könnte es nicht auch ein Motiv sein, dass wir Europäer diesen Kontinent ausbeuten und durch so etwas wie Sklavenraub, Alkohol, Syphilis und ähnliches ins Unglück stürzten? Was ist unsere mitteleuropäische Kultur angesichts der Schuld, die wir durch die Kolonialisierung auf uns geladen haben? Also! Ich will wenigstens ein Zeichen setzen.

Und so brach er vor mehr als 100 Jahren auf und gründete das Urwaldspital in Lambarene, das weltweit ein Zeichen wurde: Wir Menschen haben Verantwortung füreinander. Verantwortung? Wem sollen wir Antwort geben? Als Christ würde ich sagen: Gott fragt dich: Was hast du getan? Und ich muss antworten. Als Humanist kann ich jedem sagen: Vor deinem Gewissen hast du dich zu verantworten. Du selbst, niemand an deiner Stelle. Und da hat Albert Schweitzer Zeichen gesetzt, einen Maßstab der Menschlichkeit.

5.6 Lambarene und Friedensnobelpreis

Ich habe aus jener Zeit einen Bericht aus Zentralafrika gelesen. Der Urwalddoktor Albert Schweitzer war bei schwarzen Völkern und brachte ihnen als Errungenschaft die Wunder der modernen Medizin. Die wirkten wirklich wie Wunder. Und wie irritiert waren seine Patienten und Mitarbeiter, als sie vom Krieg, dem ersten Weltkrieg, in Europa hörten. Diese „primitiven" Menschen fragten Albert Schweitzer, ob es überhaupt sein könne, dass die „zivilisierten Völker" seiner Heimat sich gegenseitig töteten... Betroffen schrieb er, dass er darauf nicht wirklich antworten wollte, so *schämte* er sich dafür.

Mit der Zeit fragten sich die Schwarzen auch: „Wie bezahlten die Weißen denn ihren Krieg..." „Doktor!", sagten sie zu Schweitzer, „das können die doch gar nicht bezahlen." Und erzählten ihm: „Bei uns muss nach dem Krieg jeder Tote vom Gegner bezahlt werden, egal, ob es um Sieger oder Besiegte geht." Das kann wirklich abschrecken, einen Krieg in die Länge zu ziehen... Aber ich weiß ja: Der Mann meiner Großmutter, ein Theologe überdies, zog im August 1914 ganz zuversichtlich und singend hinaus „ins Feld" in den Krieg, denn „in vier Wochen bin ich wieder da, dann haben wir den Feind besiegt!" Heute sind seine Gebeine auf den Feldern von Verdun verstreut....

Ein Jahrhundert später: 2000: Millennium: Das haben wir groß gefeiert. Ja, wir sind toll! Inzwischen haben wir sogar das Internet und können von Hammerfest bis Kapstadt, von Peking bis Chicago miteinander chatten. - Als führende Kulturnation schafften es dann die Vereinigten Staaten von Amerika, keine zwei Jahre zu vergeuden, bis sie wieder einen Krieg führten. Krieg, das ist eine Niederlage, denn es heißt ja, dass die geistigen und diplomatischen Fähigkeiten nicht ausreichen, um friedliche Lösungen zu finden.

Also: Wenn Jesus heute von einer Räuberhöhle reden würde, müsste er da nicht unsere ganze Gesellschaft im Auge haben? Er könnte entsetzt sein:

„2000 Jahre Christentum“ und noch immer Hunger, Krieg und Ungerechtigkeit.

Man darf nicht nur das Negative sehen! Werden manche rufen. Wir haben schon viel geleistet: Die moderne Medizin, die viele Menschenleben rettet, unsere moderne Technik, die uns die Arbeiten erleichtert, für eine erfolgreiche Landwirtschaft sorgt, eine weitreichende Verteilung der Lebensmittel und Gebrauchsgüter ermöglicht und und und....

Stimmt. Aber die Leute in Jesu Räuberhöhle, im Tempel von Jerusalem konnten auch sagen: „Wir tun doch nur das, was nötig ist: Die Leute brauchen doch für den Gottesdienst ihre Opfergaben, sie müssen sie in der heimischen Währung bezahlen können... wir sorgen nur dafür, dass der Tempelbetrieb läuft; eigentlich sind wir Mitarbeiter Gottes. Ohne uns würde diese Tempel, würden die Gottesdienste nicht funktionieren.“ Ja, der Teufel hat auch immer ein paar stichhaltige Argumente für sich! Und nicht überall, wo christlich draufsteht, ist auch christlich drin!

Der Friedensnobelpreisträger Albert Schweitzer sah die ethischen, die moralischen Abwege der Gesellschaft in uns einzelnen Menschen begründet. „Die Gesellschaft“ galt für ihn nicht als Ausrede, denn der Einzelne trägt die persönliche Verantwortung in jeweils seinem Bereich.

6 Anhang: Blitzlicht zu Jean Paul Sartre

Stell Dir vor, es gibt Nobelpreis und keiner geht hin... Im Oktober fiebern jährlich eine interessierte Öffentlichkeit und noch interessiertere Journalisten der Bekanntgabe entgegen: Wer ist der diesjährige Nobelpreisträger für...? Und vermutlich fiebern auch viele nominierte Persönlichkeiten mit. Ahnungslos im eigentlichen Sinne ist keiner... Und dann wird gefeiert. Doch es gibt auch die spektakuläre Ausnahme: Am 22. Oktober 1964, verkündet das Komitee: Den Nobelpreis für Literatur erhält Jean-Paul Sartre. In der

Begründung heißt es, Sartres freiheitlicher Geist und seine Suche nach Wahrheit habe einen weitreichenden Einfluss auf unser Zeitalter ausgeübt[155].

Wenig später erfahren die Journalisten an eine neue Sensation: der Geehrte lehnt den Preis ab.[156] Elf Jahre zuvor hatte sein Großonkel Dr.[157] Dr.[158] Dr.[159] Albert Schweitzer den Friedensnobelpreis angenommen. Der Pfarrer und Arzt wusste, dass er mit dem Renommee des Nobelpreises viel für sein Werk in Lambarene erreichen konnte, und er schaffte es, mit anderen Nobelpreisträgern, etwa Einstein und Heisenberg, sich gegen die Atombombe stark zu machen·

Sein Großneffe Jean-Paul Sartre sah es anders; .er begründete seinen Verzicht, dass alle Auszeichnungen, die ein Schriftsteller erhält, seine Leser einem Druck aussetzen können, den er für unerwünscht hielt*: „Es ist nicht dasselbe, ob ich "Jean-Paul Sartre" oder "Jean-Paul Sartre, Nobelpreisträger" unterzeichne."* Der Verzicht auf ein Renommee, um glaubwürdig zu bleiben und allein durch sein Werk zu überzeugen... das ist fast schon evangelisch – auch bei einem integren Atheisten.

Zudem wollte sich in der Zeit des kalten Krieges Sartre, der politisch überzeugter Kommunist war, weder vor den Karren des Westens noch des Ostens spannen lassen. Einen Lenin-Preis hätte er, nach eigenen Worten, ebenfalls abgelehnt.

Das war 1964. Doch 10 Jahre später, 1974 „da war doch was" mit Sartre, an das wir uns vielleicht eher erinnern als an die Ablehnung des

---

155 Ein wichtiges Werk war seine kurz zuvor erschienene Autobiographie „Les mots" (die Wörter), deren narrative Reflexion beeindruckt.

156 Die Reporter, die Paris wie Privatdetektive durchkämmten, entdeckten Sartre beim Mittagessen mit Simone de Beauvoir in einem kleinen Restaurant an der Seine. Sartre bestätigte, er lehne den Preis ab, so wie er es vorher dem Komitee mitgeteilt habe: "Aus persönlichen und sachlichen Gründen." Einzelheiten werde er noch erklären; diese Erklärung habe er schon vorbereitet. Dann ersuchte er höflich die Journalisten, das Mittagessen mit Simone de Beauvoir fortsetzen zu dürfen.

157 1899 Dr.phil. Die Religionsphilosophie Kants von der Kritik der reinen Vernunft bis zur Religion innerhalb der Grenzen der bloßen Vernunft

158 1901 Dr.theol. Kritische Darstellung unterschiedlicher neuerer historischer Abendmahlsauffassungen (später: Geschichte der Leben-Jesu-Forschung (1913)

159 1913 Dr.med. Die psychiatrische Beurteilung Jesu: Darstellung und Kritik

Nobelpreises. Der berühmte existentialistische Philosoph besucht am 4. Dezember den als Terroristen in Stammheim einsitzenden Andreas Baader von der RAF[160]. Das war aus deutscher Sicht ein Skandal. Es war, als würde die RAF salonfähig gemacht. Am 10.11. war Herr Drenkmann ermordet worden. Sartre selbst wertete dies in einem Interview mit Alice Schwarzer als Verbrechen, nicht als Kriegsopfer in einem berechtigten Aufstand eines unterdrückten Volkes, obwohl er glaubte, das Aufbegehren der RAF zu verstehen, weil - wie es manche Beobachter unterstellen - der ehemalige Gefangene der Wehrmacht sie für eine Art Resistance hielt und die BRD für die „Nachfolgeorganisation" des NS-Staates. Nach dem Treffen soll er jedoch Baader als „Arschloch" bezeichnet haben.

Wenn man das Protokoll des Treffens nachliest, ist dies ein Stück weit verständlich, auch wenn sich für mich eher der Eindruck aufdrängte „Der spinnt", weil Baader ziemlich versponnenes Zeug von sich gab – aber nicht als harmloser Spinner, sondern als mordender. So fragte z.B. Sartre nach: *„Ich kann das nicht ganz verstehen, die Politik des Klassenfeindes?"* und Baader antwortete: *„Es gibt zwei Linien, die Fraktion des Kapitals, die, sagen wir im Rahmen der parlamentarischen Demokratie, und die des schwachen Reformismus. Wir setzen soziale Herrschaft und politische Direktionsgewalt nicht gleich. Wir sehen die Möglichkeit einer offen einschleichenden Diktatur, das ist die besondere Situation in Deutschland. Das US-Kapital setzt unmittelbar die Politik durch."*[161]

Sartre wollte wohl Baader von der gewaltsamen Konfliktlösung abbringen, während Baader hoffte, Sartre für einen bewaffneten Widerstand in Frankreich zu gewinnen. Sartre kommentierte ziemlich direkt, dass das für Frankreich wohl nicht gut sein. Baader wirkte laut Protokoll enttäuscht.

---

[160] „Rote Armee Fraktion", nicht zu verwechseln mit der britischen „Royal Air Force", die für wesentlich mehr Todesopfer nicht zur Verantwortung gezogen wird – auch 1973 in Libyen.

[161] Zitiert nach Von Bohr, Felix und Wiegrefe, Klaus, Der Alte und das Arschloch, in: SPIEGEL 6/2013 S.44

Obwohl die deutsche Öffentlichkeit sich provoziert fühlte, ließ sich Sartre nicht zum „nützlichen Idioten“ (Lenin) der RAF machen, dazu war er eindeutig zu reflektiert. Zum nützlichen Idioten der deutschen Politik ließ er sich allerdings auch nicht machen. Wer den Nobelpreis ablehnt, um unabhängig denken und reden zu können, fällt vermutlich auf die vordergründigen Interessen des Machtpokers nicht herein.

Literatur

Schweitzer, Albert: Ausgewählte Werke in fünf Bänden, Aufbau-Verlag Berlin, 1973²

Schweitzer, Albert: Aus meinem Leben und Denken, Fischer-Verlag 1931 /1952 / 1980

Schweitzer, Albert: Was sollen wir tun? 1974

Schweitzer, Albert: Zwischen Wasser und Urwald, 1926

Joy, Charles und Melvin, Arnold, Bei Albert Schweitzer in Afrika, 1948

Neuenschwander, Ulrich, Denker des Glaubens, 1974

Oswald, Suzanne, Mein Onkel Berry .

Ohne Verfasserangabe: Albert Schweitzer, der Urwalddoktor von Lambarene, Deutscher Sparkassen- und Giroverband e.v. Bonn, 1959

Oermann, Nils Ole: *Albert Schweitzer*, Eine *Biographie*. 2010,

Berlis Angela, Steinke Hubert, Wagner Andreas, von Gunten Fritz, Albert Schweitzer: Facetten einer Jahrhundertgestalt, 2013

J. Wickert, Einstein, 1972

Printed by Books on Demand GmbH, Norderstedt / Germany